大家小书

中华慧命续千年

萧萐父 著

北京出版集团公司
北京出版社

图书在版编目（CIP）数据

中华慧命续千年 / 萧萐父著. — 北京 ：北京出版社, 2018.12

（大家小书）

ISBN 978-7-200-14433-8

Ⅰ. ①中… Ⅱ. ①萧… Ⅲ. ①哲学—研究—中国 Ⅳ. ① B2

中国版本图书馆 CIP 数据核字（2018）第 217653 号

总 策 划：安　东　高立志　　责任编辑：高立志

·大家小书·

中华慧命续千年

ZHONGHUA HUIMING XU QIANNIAN

萧萐父　著

出　　版　北京出版集团公司
　　　　　北京出版社
地　　址　北京北三环中路 6 号
邮　　编　100120
网　　址　www.bph.com.cn
总 发 行　北京出版集团公司
印　　刷　北京华联印刷有限公司
经　　销　新华书店
开　　本　880 毫米 ×1230 毫米　1/32
印　　张　6.625
字　　数　120 千字
版　　次　2018 年 12 月第 1 版
印　　次　2023 年 8 月第 2 次印刷
书　　号　ISBN 978-7-200-14433-8
定　　价　42.00 元

如有印装质量问题，由本社负责调换
质量监督电话　010-58572393

总　　序

袁行霈

“大家小书”，是一个很俏皮的名称。此所谓“大家”，包括两方面的含义：一、书的作者是大家；二、书是写给大家看的，是大家的读物。所谓“小书”者，只是就其篇幅而言，篇幅显得小一些罢了。若论学术性则不但不轻，有些倒是相当重。其实，篇幅大小也是相对的，一部书十万字，在今天的印刷条件下，似乎算小书，若在老子、孔子的时代，又何尝就小呢？

编辑这套丛书，有一个用意就是节省读者的时间，让读者在较短的时间内获得较多的知识。在信息爆炸的时代，人们要学的东西太多了。补习，遂成为经常的需要。如果不善于补习，东抓一把，西抓一把，今天补这，明天补那，效果未必很好。如果把读书当成吃补药，还会失去读书时应有的那份从容和快乐。这套丛书每本的篇幅都小，读者即使细细地阅读慢慢地体味，也花不了多少时间，可以充分享受读书的乐趣。如果把它们当成补药来吃也行，剂量小，吃起来方便，消化起来也容易。

我们还有一个用意，就是想做一点文化积累的工作。把那些经过时间考验的、读者认同的著作，搜集到一起印刷出版，使之不至于泯没。有些书曾经畅销一时，但现在已经不容易得到；有些书当时或许没有引起很多人注意，但时间证明它们价值不菲。这两类书都需要挖掘出来，让它们重现光芒。科技类的图书偏重实用，一过时就不会有太多读者了，除了研究科技史的人还要用到之外。人文科学则不然，有许多书是常读常新的。然而，这套丛书也不都是旧书的重版，我们也想请一些著名的学者新写一些学术性和普及性兼备的小书，以满足读者日益增长的需求。

“大家小书”的开本不大，读者可以揣进衣兜里，随时随地掏出来读上几页。在路边等人的时候，在排队买戏票的时候，在车上、在公园里，都可以读。这样的读者多了，会为社会增添一些文化的色彩和学习的气氛，岂不是一件好事吗？

“大家小书”出版在即，出版社同志命我撰序说明原委。既然这套丛书标示书之小，序言当然也应以短小为宜。该说的都说了，就此搁笔吧。

贯通的诗哲（代前言）

萧萐父老师（以下径称萧公）于1924年1月24日生于四川省成都市的一个知识分子家庭，他一生经历了多个特殊的历史时期。萧公有家学渊源，他的父亲萧参（字仲仑，又写为“中仑”）先生是近代蜀学的代表人物之一。仲仑先生出生于四川井研县，与廖季平先生同乡，曾私淑于季平先生。仲仑先生乃蜀中狷洁独行之士，老同盟会员，辛亥之后，学优不仕，教书为生，有道家风骨，又精于医道。萧公的母亲杨励昭先生也善诗词、工书画。他们家与蒙文通、唐迪风先生等川中硕学鸿儒过从甚密。

萧公自幼涵咏诗词，从父亲友朋论学谈艺之中感受到中国文化的博大精深。1943年他考入武汉大学哲学系。当时的武大迁到四川乐山，哲学系仅十几位同学。几位教授自甘枯淡、严谨治学的精神使学生们深受教育。那时武大哲学系所开的课程几乎全是西方哲学。在乐山期间，他修过张颐（字真如）、万卓恒、胡稼胎、朱光潜、缪朗山、彭迪先等先生的课，胜利复员回珞珈山之后，他修过金克木先生开的印度哲学的课。以上诸先生对他影响很大。萧公在大学期间阅读过郭沫若的《十批判书》、《甲申三百年祭》，侯外庐的《中国近世思想学说史》等。1947年，在万卓恒先生的指导下，萧公完成了题为《康德之道德形上学》的学士学位论文。1956年他进中央党校高级理论班深造。1957年到北京大学哲学系进修，受教于汤用彤、冯友兰、张岱年等先生。同年秋，调入武汉大学哲学系并从此长期担任哲学系哲学史党支部书记、中国哲学史教研室主任一职。在这个岗位上他兢兢业业地工作了四十年，以此为基础逐步建立和形成了具有武汉地区特色的中国哲学史学术梯队，在全国文科理论界，有一定地位与影响。

萧公还曾多次到欧洲、美国、新加坡等地出席国际会议，又应邀赴美国哈佛大学、德国特里尔大学等校访问、讲学。他在国内外发表学术论文百余篇；出版专著有：《吹沙集》三卷、《吹沙纪程》、《船山哲学引论》、《中国哲学史史料源流举要》、《明清启蒙学术流变》（合著）、《王夫之评传》（合著）等；与人共同主编了《中国哲学史》上下卷、《哲学史方法论研究》；主编了《王夫之辩证法思想引论》等书。

萧公治学，首贵博淹，同时重视独立思考，独得之见。先生对中国哲学的学科建设，对从先秦到今世之完整的中国哲学史的重建，作出了可贵的探索与卓越的贡献。他会通中西印哲学，以批评的精神和创造性智慧，转化、发展儒释道思想资源。为总结历史教训，他从哲学史方法论的问题意识切入，尽力突破教条主义的束缚，引入螺旋结构代替对子结构，重视逻辑与历史的一致，强调普遍、特殊、个别的辩证联结，认真探究中国哲学范畴史的逻辑发展与哲学发展的历史圆圈。先生以不断更化的精神，由哲学史方法论问题的咀嚼，提出了哲学史的纯化与泛化的有张力的统一观，努力改变五四以降中国哲学依傍、移植、临摹西方哲学或以西方哲学的某家某派的理论与方法对中国哲学的史料任意地简单比附、削足适履的状况。

萧公的学术贡献在于他极有智慧地深度探讨了中国哲学史的多个面相，在经学（主要是《周易》）研究，在儒、释、道的研究，在汉唐、明清、现代等断代哲学史的研究上，他有创新见解，又开辟领域，培养人才，使之薪火相传。

关于《周易》，萧公考察了易学分派，提出了“科学易”

与“人文易”的概念，倾心于“人文易”，指明“观乎人文以化成天下”乃“人文易”的核心，提示“人文易”内蕴的民族精神包括有时代忧患意识、社会改革意识、德业日新意识、文化包容意识等，重视反映人文意识新觉醒的近代易学。

关于儒家，萧公肯定了《礼运》大同之学，孟子的“尽性知天”之学以及分别来自齐、鲁、韩《诗》的辕固生的“革命改制”之学、申培公的“明堂议政”之学、韩婴的“人性可革”理论“皆属儒学传统中的精华；而子弓、子思善于摄取道家及阴阳家的慧解而分别涵化为《易》、《庸》统贯天人的博通思想，尤为可贵”。他肯定《易》、《庸》之学的天道观与人道观，指出：“所谓‘至德’，并非‘索隐行怪’，而只是要求在日常的社会伦理实践中坚持‘中和’、‘中庸’的原则，无过不及，从容中道；这样，在实践中，‘成己’、‘成人’，‘尽人之性’、‘尽物之性’，就可以达到‘赞天地之化育’的最高境界。重主体，尊德行，合内外，儒家的人道观体系也大体形成。”萧公阐释了儒家的儒经、儒行、儒学、儒治的传统及其多样发展，特重对儒学的批判与创造转化。

关于佛教，他透悟佛教哲学的一般思辨结构（缘起说、中道观、二义谛、证悟论），重视解析其哲学意义，对佛学中国化过程中极有影响的《大乘起信论》，对慧能，对《古尊宿语录》，对禅宗的证悟论都作过深入研究而又有独到的见解。

关于道家与道教，他对老子、庄子，对道家人格境界与风骨、隋唐道教、黄老帛书都有精到的研究。我在旧作中曾写到，从二十世纪八十年代末到九十年代初，学术界涌动着一个当代新道家的思潮，萧公是其中的开风气者之一。他是热烈的理想主义者，有强烈的使命感、责任感和积极的入世关怀。他在九十年代倡导"新道家"，当然与他的际遇和生命体验不无关系。他是一个行动上的儒家和情趣上的道家。他的生命中，儒的有为入世和道的无为隐逸常常构成内在的紧张，儒的刚健自强与道的洒脱飘逸交织、互补为人格心理结构。要之，他肯定的是道家的风骨和超越世俗的人格追求与理想意境……相形之下，他对儒、道的取向又确有差异。当然，这并不妨碍他对儒学的真精神采取宽容的态度，也不妨碍他自己的真精神中亦不乏浓烈的儒者情怀，他所批评的是儒学的负面与儒学的躯壳。

关于汉至唐代的哲学，他对秦汉之际，对杨泉、鲁褒、何承天、刘禹锡、柳宗元等都下过功夫。关于明清之际哲学思潮，是他的专长。他全面深入地研究了这一思潮的全盘，把这一段哲学史作为一个断代，作为哲学史教材的一编予以凸显并细化，又特别深入地研究了王夫之、黄宗羲、傅山等个案。他是当之无愧的王夫之专家和明清之际哲学的专家。关于现代哲学思潮，他研究了马克思主义、自由主义与文化保守主义诸流派及其他学者。在马克思主义哲学思潮方面，他对李达、郭沫若、侯外庐、吕振羽、冯契等先生作了深入研究，在文化保守主义思潮方面，他对熊十力、梁漱溟、冯友兰、唐君毅、徐复观等先生作了深入研究，他还研究了梁启超、刘鉴泉、蒙文通等学者的思想与学术。他还开拓了中日思想的比较研究领域，支持了楚地简帛的研究等。

萧公的著述既有贯通儒释道的广度，又从先秦一直跨越到现当代。无论对于萧公哪一方面的文章，作为后学都是没有资格去取的。但限于“大家小书”这套丛书的篇幅体例，我们只选取萧公各领域文章中的一部分编成一本集子。

昔丰碑大碣，铭不可缺；正史通例，《传》后有《赞》。萧公过去提交论文参加学术会议，同时亦多有辞章咏叹，而之前著作中，萧公之文与诗皆各自编辑，使读者不便韵、散同观，难窥全豹。故本书有意在萧公各研究领域中多选取其发表文章之同时有诗词创作的部分，编成一集，以飨读者。回想硕士毕业的1984年12月，萧公曾赠诗一首，给我与李维武、黄卫平、舒金城兄，至今铭感在心。此诗亦足以励萧公及门乃至愿传其学问的私淑弟子，故谨录于篇末。

甲子之冬，郭生等四君卒业，答辩之余，尝赋诗一首贺曰：

弹指三秋琢玉勤，几番风雨伴书声。
攀峰宁畏崎岖路，入世休吟独漉行。
海底鲛珠偏似泪，火中鸣凤最关情。
送君者自其崖返，奔逸绝尘盼后生。

目 录

楚简重光　历史改写

——郭店楚简的价值和意义

（1999年10月珞珈山首届郭店楚简

国际学术研讨会开幕式上的发言）

此次郭店楚简学术会得以在珞珈山顺利举行，全赖海内外硕学鸿儒的关怀指导，全赖文史哲各科老中青专家的合力支持；特别是饶宗颐老师、任继愈老师，都以八旬高龄，亲临指导，而许多外国朋友也不远万里前来与会，言传身教，使我们深受鼓舞。

七十年代以来，荆楚大地，频频献宝。自1973年长沙马王堆汉墓出土大批竹木简和帛书以来，临沂、阜阳、武威、江陵、云梦、荆门等地陆续有新的发现，令人振奋。1993年底，荆门更传出惊人消息，有记者报道，称荆门楚墓出土了对话本《老子》，这一讹传引来海内外许多朋友函询详情，而我们茫无所知，也无从探问。1995年8月，杜维明教授来我校参加徐复观先生纪念会，会后由唐明邦、郭齐勇教授陪同他亲去荆门博物馆查访，得见若干散简，稍知梗概，未得窥其全貌。直到去年五月，竹简整理完毕，经裘锡圭先生审订，由文物出版社推出了《郭店楚墓竹简》一书，这才顿时引起普遍重视，迅速成为国内外汉学界的研究热点。继五月初北京国际儒联召开了首次学术座谈会之后，美国学者信息灵通，五月下旬美国达慕思学院（Dartmouth College）就举行了一次“郭店《老子》国际研讨会”，有来自中国大陆和台湾、美国、加拿大、英国、德国、法国、日本、比利时等国家、地区的三十余名专家学者参加，传媒迅速报道了会议情况，把郭店出土的这批简书称之为“中国的死海遗书”。接着，北京学术界在炎黄艺术馆召开了隆重的学术研讨会。从此，古墓新知，掀起热潮，多次会读、讨论以及硕、博士论文的撰写、答辩等，涌现出首批可观的研究成果。

为什么一座荆门古墓挖出了一批竹简，写有一万多字，竟会引起如此广泛的关注，竟会成为国际汉学界的热门话题？

我想，这首先是因为这批竹简所承载的文化信息，太丰富、太重要了，几乎全是最高水平的学术著作。可以说，是当时具有很高学养的“老教授”（如墓主可定为“东宫之师”的话），精心选辑的“最精美的图书”，代表了当时时代精神的精华和学术思潮的主流。这批竹简，连同尚未公布的上博藏简一千多枚（保存古籍更多），比之西方1947年在埃及死海所发现有关基督教早期的资料或许更为重要。这批楚简，除三组《老子》、一篇《缁衣》以外，其他十余种全是今人从未见过的古佚书（其中仅《五行》一篇曾见于马王堆帛书），内容为战国中期以前以儒、道两家为主的重要理论著作。如汇合上博从香港购回的流失楚简及此前出土之简帛书，则涵盖益广，更是洋洋大观。

其次，中国学术传统中似乎有一特别引人注目的历史经验，即每一次地下重要古文献的蓦然出土和深入研究，往往会引发一次学术思想的大震荡，展开一场经久不息的学术大讨论，从而成为中华学术不断跃进的驱动力之一。这次大批简书的纷纷出土和研究的逐步深化，势必对中华学术文化的未来发展产生巨大的、难以估量的影响；去年12月，在香港举行的“中华文化与二十一世纪”学术会中，饶宗颐先生曾深刻地指出：近二十年的考古新发现，特别是大批楚简的出土和研究，有可能给二十一世纪的中国带来一场“自家的文艺复兴运动以代替上一世纪由西方冲击而起的新文化运动”。饶公预见，立论高远。我想，沿此思路，回顾历史，略举数例，鉴古知今。

首举一例：**汉初孔壁出书**。汉武帝时，鲁恭王刘余坏孔子宅以广其居，偶于壁中得古书数十篇，计有《古文尚书》、《礼记》、《论语》、《孝经》等，全是古文字（蝌蚪文）所写，与当时流行的经师口传、以今文（即汉隶）写定的经传，篇数与文字均大有出入。这批孔壁古书归还孔氏后，经孔安国整理，如《尚书》就比伏生所传多出了十六篇。因无师传，未得立于学官，与其他古文经传如《周礼》、《毛诗》、《春秋左传》、《费氏易》等，均在民间流传。文本不同，诠释各异。从此，引发了一场自汉至清持续两千年的经今古文学之争。

西汉朝廷所立“五经博士”，全属今文学家，已形成章句训诂的一套传统模式。孔壁出书，冲击了今文经学的权威地位。当刘歆上书哀帝争取古文经传列于学官，遭到博士们的抗拒，引起激烈论争。刘歆写了《移太常博士书》名文，抨击今文经师们的“抱残守缺”。后虽借助王莽政治势力而使古文经学一度列于学官，但随又被废。东汉时，今文经学的谶纬化，招致古文学派的有力批判，再经贾逵、马融、郑玄、许慎等大师的努力，东汉古文经学大盛。汉末战乱，古文经籍多散亡。东晋时，梅赜称其发现了久佚的《尚书》古文五十八篇且附有《孔安国传》，震动一时。唐编《五经正义》，采用梅本，使其广为流行。宋以来，学者多怀疑梅本，或直称之为《伪古文尚书》、《伪孔传》，到了清代，阎若璩著《古文尚书疏证》，列举百余条证据，论证《古文尚书》及《孔传》皆为伪书；而毛奇龄又作《古文尚书冤辞》，逐条驳斥阎说，而崔述、段玉裁、王鸣盛、丁晏又各撰专著，参加争论，支持阎说。直到清末民初，交织着政治思想矛盾的经学论争，由于廖季平、皮锡瑞、康有为与章太炎、吴承仕之间的分歧而更趋激化和复杂化，至今余波未息。

孔壁出书所引发的经今古文之争，绵延两千年，初由经传文本及文字诠释的同异、是非、真伪之辨，渐扩展到两派的学术路线、思想倾向及学风、方法之争，更涉及传统文化及学术史观中一些重大问题（诸如：古史的疑信问题、孔子的地位问题、孔子与六经的关系问题，等等），足见其影响之广阔与深远！

再举一例：**西晋汲冢出书**。西晋太康二年（281），有位盗墓者不準，在河南汲县盗发魏襄王墓（或言安厘王墓），得竹书数十车，内容极为丰富，据《晋书·束皙传》、杜预《春秋经传集解后序》记载，有重要古佚书十六种，总共七十五篇，皆竹简漆书蝌蚪文，盗墓者烧简照取宝物，遂有残缺，晋武帝司马炎（当时宰相张华为博物学家）将这批竹简交著名学者荀勖、和峤、束皙、杜预等整理编次，以今文写定，编入国家图书目录《中经》，列为典籍。当时，引起学术界广泛重视。汲冢书出土不久，既有卫恒、束皙与王庭坚之间的考订、辩难和王接的公允评判（见《晋书·王接传》），又有多种类书和著名作者的广为引证。甚至，在汲冢竹书的书法研究方面也出现了一股热潮。惜经战乱，这批珍贵古书竟散失大半，现仅遗存《逸周书》、《竹书纪年》、《穆天子传》、《琐语》四种，且都非原本，但仍然作为珍贵的出土文献，对传世的许多史实记载起着无可辩驳的证实或证伪的史料作用。

单就《竹书纪年》说，这本唯一出土的魏国编年体史策，以其记载朴实，“诸所记多与《左传》符同”（杜预语），所以受到许多学者的特别重视。杜预注《左传》，郭璞注《穆天子传》，郦道元注《水经》，裴骃、司马贞注《史记》，范晔撰《后汉书》，李善注《文选》，欧阳询编《艺文类聚》，李昉编《太平御览》，刘知几著《史通》……都曾引证《竹书纪年》，足见其在历代学者心目中的重要地位。特别引人注目的是，汲冢《竹书纪年》记有“舜囚尧”、“夏年多殷”、“益干启政，启杀之”、太甲杀伊尹、文丁杀季历、共伯和摄行天子事等，与传统《经》、《传》及《史记》所载均大异，又引起历代史家的争议。实际上，《竹书纪年》所记更接近史实，对消除儒家美化古史的讹传有其解放思想的巨大作用。所以，诗人李白在其《远别离》名诗中唱出的新声“尧幽囚，舜野死。九嶷联绵皆相似，重瞳孤坟竟何是”，正是以新出土的竹书文献为据，反映了他的新古史观。

原十二卷的古本《竹书纪年》，到宋代已仅残存三卷。到明嘉靖年间，又出现今本《竹书纪年》，乃范钦所辑录、伪作，重点在删去了“舜囚尧，复偃塞丹朱”等大异于儒家经传的记载，失去了存真的文献价值。清代学者又进行了《古本竹史纪年》的辑佚工作，王国维总其成，作《古本竹书纪年辑校》一书，大体恢复了汲冢所出古本的原貌。古本《竹书纪年》为古史研究提供了新资料，开辟了新视野，至今仍有重要价值。汲冢出书中还有一部奇书《穆天子传》，记述了周穆王（约公元前九世纪）十三年至十七年进行了一次西征昆仑山的大旅游，行程九万里，见到西王母。关于周穆王西征事，先秦古书《左传》、《国语》、《楚辞·天问》、《墨子》均曾提到，而此书记述特详，初出土，即有郭璞为之作注，历代被列入小说家。清代有学者重新考订，近代刘师培著《穆天子传补释》认为“西王母”系译音，即今波斯；丁谦著《穆天子传地理考证》，说“西王母”是古巴比伦的尼尼微城；顾实著《穆天子传今地考》，则认为穆王经波斯到了里海黑海之间的旷原。三说虽不尽可信，但至少表明，此书为丰富人们的西北乃至中亚地理知识，拓展人们的视野空间，起到了重要作用。

再举近代一例：**甲骨文的发现**。殷墟甲骨作为古文物被发现和收集，始于1899年（光绪二十五年）。迄今，整一百年，国内外公私收藏的有字甲骨估计已达十五六万片。经过许多学者收集整理、断代、分类、缀合、释字、通读，甲骨学已蔚为一门专家之学；甲骨文所发现单字四千五百多个（现公认已能破读的字一千五百字左右，另有五百字尚在疑似之间），在多种甲骨文字汇编的基础上，胡厚宣主持编成《甲骨文合集》十三巨册，共收有字甲骨四万多片，国内外虽尚有小部分未及选录，但已是集其大成的皇皇巨著。

殷墟卜辞甲骨文（以及七十年代周原甲骨）的发现，是我国近代地下文物考古的一项伟大的成果，其本身所取得的成就，已享誉海内外。甲骨学的发展和成就，不仅直接地促进了我国古文字学、古器物学、古地理学、古民俗学和社会经济史、科学技术史、思想文化史的研究，而且有力地推动了史学思想、史学方法论的突破性进展。例如，第一个从文字学角度研究甲骨卜辞的孙诒让，他根据第一部甲骨文拓片资料、刘鹗所编印的《铁云藏龟》，1904年写成《契文举例》，1905年写成《名原》，最早认定这些卜辞是殷代文字，他庆幸自己“晚年睹兹奇迹，爱玩不已”，详加考释，并据以校正传世古籍中一些错讹字，功不可没。罗振玉继之，考释了甲骨卜辞五万多片，出版了《殷墟书契》初、后、续编，《殷墟文字》甲、乙编。王国维则进一步根据甲骨卜辞，对照传世文献，考证古史，写出了大量高质量的论文：《殷周制度论》、《释礼》、《殷礼征文》等，其中《殷卜辞中所见先公先王考》及《续考》二文，成为震动世界学林的名文，首次把甲骨文作为史料，证明《史记·殷本纪》等文献所记殷王世系的正确性。王国维在清华任教时又写了《古史新证》讲义，同时，郭沫若、董作宾在这方面也卓有成果，作出了独特的贡献，从而把甲骨学的研究推进到一个新阶段。特别是王国维自觉地在史学思想上纠正疑古思潮的偏颇，在史学方法论上提出把地下考古新发现与传世文献综合起来的“二重证据法”［后来，由姜亮夫、饶宗颐先生等再具体化为“三重证据法”，即善于把传世文献资料与地下考古发现的新资料（又可分为无字的古器物与有字的古文献）结合起来］。这就在古史研究上提供了新视角、新方法，既扬弃疑古思潮，又跳出泥古传统，为古史的复原开辟了广阔的新天地。至今，我们对楚简的研究，仍然是继踵前修，实践所谓“二重证据法”或“三重证据法”。

孔壁出书、汲冢出书、殷墟甲骨的发现等，这些仅仅例举的史实，我想，对我们了解郭店楚简的价值和意义，包括近二十年来考古新发现的大量简帛书可能发生的巨大影响，不能说没有一定的启迪。近二三十年出土的简帛文献之丰富和重要，可说是空前的。且大地献宝，似乎作了某种合理分工，诸如：1972年临沂银雀山汉墓所献，全是兵书；1976年云梦睡虎地秦墓挖出的，多为法律；1972年武威旱滩坡汉墓所献，全属医学（1973年长沙马王堆汉墓出土帛书中亦有大量医书）；1973年江陵凤凰山汉墓出土的，多为有关田租、赋税、徭役、商贸等的经济史料。而现在我们面对的郭店楚简（加上上博所藏楚简以及1972—1973年马王堆三号汉墓所出大量简帛书），则全是学术著作，且时代最早，前后相继，涵盖面广，形成规模，正如有的学者所指出：这批楚简，给我们“打开了一个哲学的世界”。《易》、《老》开源，儒道纲举，百虑殊途，并行不悖。其价值和意义，随着研究的深入将愈来愈显示出来。从学术思想史角度，仅就一年多来的初步研究成果看，实际上已涉及一系列重大学术问题，诸如：

先秦儒道思想的流行区域、相互关系、前后嬗变等的新证，便自然涉及整个中国文化学术的发展格局、思想脉络的重新审定。不少学者从简本《老子》无“绝仁弃义”等语，指出早期道家不反“仁义”，且与儒学有相通处。简本《老子》是否还透露出老学自身或有南北、先后的分派问题，蒙文通、冯友兰均曾论及，现从简本《老子》到帛书本《老子》的文字异同，似乎得到某些印证。

同样，儒门多杂，儒学分派问题韩非早言之凿凿。只是由于孟、荀独显，其他多晦而不彰，连子思著作也残佚无闻。今楚简儒书十一种十四篇，就其论点而言，研究者已指出可能分属于子思、子游、世硕、公孙尼子、县成、陈良等儒家各派。杜维明教授就此作出的“先秦儒学的发展是多元多样的”论断，是言之有据的。今后，上博藏简公布和更多地下简帛书发现，必然会提供更多证据，证明儒道两家各派以及与先秦诸子各家之间同源分流、多极显示、多元互动的固有格局，涤除道统论者对中国思想文化史的臆造和歪曲。

学术思想随时代变迁，往往有其原生、衍生、发展、变异、中衰或复苏的阶段。楚简重光，使我们从被埋藏了两千多年的古佚书中得见早期儒家的一些思想精华。诸如“禅而不传，利天下而弗利（自利）”的思想，“恒称其君之恶者可谓忠臣”的思想，“君臣不相戴也则可已”、“友，君臣之道也”的思想，“道始于情，情生于性”、“礼作于情”的思想等。在秦汉专制皇权形成后，虽尚有儒生、经师如浮丘伯、辕固生、赵绾、王臧、眭孟、盖宽饶等坚持这些“微言大义”，甚至冒死实践，以身殉道；但自公孙宏、董仲舒曲学阿世的“儒术”得势以后，上述富有人民性、批判性的闪光思想，就逐渐晦而不彰，乃至中绝。如今从楚简儒书得到确证，始知黄宗羲、唐甄、王夫之等人“破块启蒙”所发挥的“公天下”、“天下为主君为客”以及君权“可禅、可革”等思想，乃是“取今复古，别立新宗”（鲁迅语）的先秦儒学的复苏。足以表明，楚简的重见天日和浚求博证，势必促成对先秦学脉、儒门多派、儒道关系、儒墨关系以及经学源流等重大问题的重新梳理和重新定位。一些论者，或从楚简多篇引据《尚书》、论及《尚书》的详密考订，重新提出了《六经》形成时代及先后排序问题、《逸周书》的性质问题、今古文《尚书》的争论问题等，这些都是中国学术史上的大悬案。随着郭店楚简及上博楚简的全面研究，这些大悬案势必得到重新审理，进而有可能重新改写中国学术史、经学流变史以及楚国文化史等。

这次会议所汇聚的海内外专家提供的科研成果，斐然可观。通过讨论交流，无论从文本校释，或从义理考辨，都必将促进楚简研究的深化和发展。这是世纪之交令人感奋的大喜事。楚简《性自命出》篇有云："喜斯陶，陶斯奋，奋斯咏"，感奋之余，欣然成咏：

神明呵护墓门开，楚简缤纷出土来。
学脉探原儒道合，人文成化古今谐。
不传而禅公心美，道始于情六德恢。
嘉会珞珈瞩新纪，东方旭日扫阴霾。

（原载《文汇报》2000年9月9日《学林》）

人文易与民族魂

八十年代中国出现的《周易》研究热潮中，象数易的复苏，科学易的崛起，考古易的开拓，均取得了引人注目的新进展和新成果；同时，作为周易热的一股支流，反映社会机遇心理的滋长，占卜易也一度流行。相形之下，人文易的研究反而显得薄弱了。而人文易，凝结在易学传统中的人文意识和价值理想，似乎应当成为易学和易学史研究的主干和灵魂。

一、《易》之为书与易学分派

《易》，既被儒门列为“六经之首”，又被道家尊为“三玄之一”，以其历史形成的理论优势和特殊地位，被赞为“大道之源”、“圣人之蕴”，成为我们民族传统文化精神和哲学智慧的主要的“活水源头”。

关于《易》之为书，从《易传》作者起，历代相沿，已有各种说法。如《易传》中确有一种说法：“圣人设卦观象，系辞焉而明吉凶，刚柔相推而生变化。……是故，君子居则观其象而玩其辞，动则观其变而玩其占。”又说：“探赜索隐，钩深致远……成天下之亹亹者，莫大乎蓍龟。是故，天生神物，圣人则之……”[①]这些话，可以被理解为《易》乃巫觋所用的占卜之书，不过是古代宗教巫术文化的残留；作为占卜用的“蓍龟”，是“天生神物”，比圣人还具有更大的权威。

但《易传》中更别有其他富于理性的说法，如认为：“《易》与天地准，故能弥纶天下之道（“天下”今本作“天地”，据陆德明《经典释文》与李鼎祚《周易集解》校改）。仰以观于天文，俯以察于地理，是故知幽明之故；原始反终，故知死生之说。”[②]“《易》之为书也，广大悉备，有天道焉，有人道焉，有地道焉。”[③]“昔者圣人之作《易》也，将以顺性命之理，是以立天之道曰阴与阳，立地之道曰柔与刚，立人之道曰仁与义。”[④]还说：“《易》之为书也不可

① 《易传·系辞上传》。
② 《易传·系辞上传》。
③ 《易传·系辞下传》。
④ 《易传·说卦传》。

远，为道也屡迁，变动不居，周流六虚，上下无常，刚柔相易，不可为典要，唯变所适。”[①]这是说，《易》是圣人仰观俯察的结果，其所反映的是天地人三才之道，即自然运行和人类活动的普遍法则，而这些法则，作为阴阳（刚柔、仁义）的交错变化，并非死板固定的而是“变动不居”的。这里的“幽明之故”、“死生之说”、“性命之理”等，并无神秘意味，不过是对客观事物矛盾运动的朴素的概括和说明。一方面，强调了这些天地人物的矛盾运动法则是客观的、普遍的，“范围天地之化而不过，曲成万物而不遗”[②]，乃至具有不可违抗的神圣性。另一方面，更强调了《易》所揭示的“圣人之道”，乃是对这些天地人物矛盾运动法则的模拟、掌握和运用，是一种“极深研几”的哲学智慧。所以说：“夫《易》，圣人所以极深而研几也。唯深也，故能通天下之志；唯几也，故能成天下之务。”“化而裁之存乎变，推而行之存乎通，神而明之存乎其人。”[③]“苟非其人，道不虚行。”[④]“观乎人文，以化成天下。”[⑤]这就充分肯定了人道的意义，肯定

① 《易传·系辞下传》。
② 《易传·系辞上传》。
③ 《易传·系辞上传》。
④ 《易传·系辞下传》。
⑤ 《贲卦·彖辞》。

了人的自觉能动作用。人文化成天下的思想，成为“易道”的中心与归宿。《易传》作者如此诠释“易道”，实际上是对《易》的原始象数系统以及流为占卜书之后的卦象、筮数等，进行了哲学理性的加工，对“天地自然之易”（朱熹语）贯注以人文价值理想。遂使由《经》到《传》的“易学”，固有地就兼涵了“明于天之道”的科学理性，“察于民之故”的价值理想，“是兴神物以前民用”的占卜信仰这三方面的内容，在不同的条件下发挥着“以通天下之志”、“以定天下之业”、“以断天下之疑”的社会作用。[①]因此，合《经》《传》为一体的“易学”，摆脱了原始巫术形态，容纳和体现了古先民的科学智慧、人文理想与神道意识，三者既相区别，又相联系，且互为消长，在不同历史时期与不同学术思潮相激荡而发挥其不同的文化功能。《四库总目提要》所说：“易道广大，无所不包，旁及天文、地理、乐律、兵法、韵学、算术，以逮方外之炉火，皆可援易以为说，而好异者又援之以入易，故易说至繁。”实指历史上“易学”与各门学术的双向交流和互相渗透，使“易学”容纳了各种学术成果，有着繁杂的内容。所以，对于《易》之为书，殊难一语中的，所

① 《易传·系辞上传》。

谓“以言者尚其辞，以动者尚其变，以制器者尚其象，以卜筮者尚其占”，[1]允许见仁见智，各引一端。一部易学史，正是在今、古、汉、宋，各家各派的聚讼纷纭的多维格局中得到发展的。

关于易学分派，初无定说，各自立论大都有其历史依据。先秦的“三易”、“九筮”之说，已不传。从西汉起，有传《易》的专门之学，初诸家皆祖田何；其后，施雠、孟喜、梁丘贺及京房诸家今文易，得立学官，孟喜、京房吸取当时天文、历法等科学成果所阐发的“卦气”说，影响深远。民间还有费直传古文易，专以《易传》解经，既长筮占，又颇重义理。同时，司马谈、《淮南子》作者、严君平、扬雄等，又多援道家言以解《易》，尤重义理；而扬雄撰《太玄》，又颇受孟、京一派易学的影响。到东汉，谶纬思潮中神学与科学并存，促使郑玄、荀爽、虞翻、魏伯阳等均重视并发挥了《易》象数学的成果；唯有王肃解《易》，又独重义理，排斥象数，成为王弼易学的先驱。足见，汉代易学，并非全主象数；且《易》象数学中，也派别各异，精糟可分。如京房易学中有些内容，以其与当时天文、历候等科学成果相联系而形成

① 《易传·系辞上传》。

的象数思维模式，有其合理成份，对当时和以后的哲学和科学思想的发展都产生过积极影响。故将历史上的易学流派，粗分为象数与义理两大派，自无不可，但尚需进一步规定。李鼎祚在《周易集解·序》中曾认为："自卜商入室，亲授微言，传注百家，绵历千古，虽竞有穿凿，犹未测渊深。"他举出郑玄、王弼为代表，指斥"唯王、郑相沿，颇行于代，郑则多参天象，王乃全释人事，且《易》之为道，岂偏滞于天、人者哉"？李鼎祚似乎把唐以前的易学又区分为"天象易"与"人事易"，虽不准，亦有据，且试图超越两派的"偏滞"。

宋代易学有新发展，范仲淹、胡瑗、程颐、张载等吞吐佛老，回归《易》、《庸》，使之哲理化，把天道与人事统一起来，推进了《易》义理学的发展。而陈抟、刘牧等则提倡《河图》、《洛书》之学，提出"先天易"与"后天易"的划分；周敦颐、邵雍进而发挥传统的《易》象数学中的哲理与数理；朱熹、蔡元定等继之对陈抟的先天易图认真研究，并溯源于《周易参同契》，使《易》象数学中的一些智慧成果得以流传下来并得到一定的理性疏解。这样历史地形成一个条件，易学中象数学和义理学有可能达到一种新的综合，在此基础上孕育着新的易学分派。如王夫之在十七世纪中国的特定历史条件下，总结、继承了宋代易学的诸方面成就，既深刻批判了传统的《易》象数学中某些神秘主义和形式主义；又同时重视《易图》的研究，强调象数学与义理学在新易学体系中的统一；在“易为君子谋”的前提下不废占易，认为“学易”与“占易”可以并存。[①]王夫之在“学易”方面的重大贡献，在于全面而系统地发挥了《易》义理学中的“人文化成”思想，利用传统易学的范畴和理论框架，展开了他的具有早期启蒙性质的人文哲学体系。王夫之的“尊生”、“主动”、“贞生死以尽人道”的易学思想，可说是走出中世纪的近代“人文易”的雏型。与之同时代的方以智父子，从“质测即藏通几”的观点出发，把律历、象数、医药、占候等都看作是“圣人通神明，类万物，藏之于《易》”的“物理”、“数理”。[②]其“核物究理”、“深求其故”的易学思想，也可说是走出中世纪的近代“科学易”的先声。

二、“科学易”与“人文易”

“科学易”与“人文易”，可说是相对待而形成的名称；用“科学易”与“人文易”来划分易学流派，似乎有其现实的

① 王夫之：《周易内传·发例》。
② 方以智：《通雅·自序》。

客观依据。“科学易”与“人文易”，虽也有其历史渊源，但就其思想内容和研究方法的特征而言，都属于近现代的易学流派，对于传统的易学诸流派都有所扬弃和超越。

“科学易”，被有的同志界说为“现代易的别名”或“现代易学新流派”，但也可以更具体地表述为对于《易》象、数、图中的数理、物理等给以现代科学的透视和诠释，从而使一些曾被神秘化了的图式、数列及原理，得到一定的科学化的说明；这样被现代科学眼光照亮和说明了的易学中的象数模式和推理方法，还可以反过来应用于现代科学研究的某些领域，并得到一定的验证。在中国，古老的易学及其象数思维模式与西方传入的新兴质测之学相结合，在十七世纪就开始了。当时涌现的具有典型意义的桐城方氏易学学派，可以说是“科学易”的早期形态。方以智自觉地意识到，他以易学为根基的自然哲学体系的建立，是“因邵、蔡为嚆矢，征《河》、《洛》之通符，借泰西为郯子，申禹、周之矩积”。[①]即是说，一方面继承邵雍、蔡元定等所提倡的象数图书之学的易学原理，另一方面引进西方新兴质测之学，并借以发扬祖国科学思想的优秀传统。这正是“科学易”的基本思想特征。十八世纪，戴

① 方以智：《物理小识·总论》。

震、焦循等沿着这一思路，继续推进“科学易”的发展。此后，中国文化的近代化的正常历程被打断，我们民族在深重的苦难中步入近代，人们迫于救亡图存的政治形势，忙于日新月异的西学引进，来不及去清理易学遗产，“科学易”的研究濒于中断；而在西方，从莱布尼茨到爱因斯坦、玻尔、李约瑟等，把中国易学中某些象数结构纳入现代科学的语境和视野，对“科学易”不断地有所探测。二十世纪中西文化的汇聚、交融中，一些学有专精的自然科学家，转向传统易学与科学思想遗产的研究而时有新的创获；八十年代伴随改革开放而兴起的文化研究热潮中，由于《易》象、数、图中数理、物理、生理及哲理的被重视，由于多学科交叉研究方法的被应用，由于东西方学术思想某些层面的重新被整合，“科学易”的研究得到长足的进展，并有方兴未艾之势，成为当代易学的一项特殊成就。

当然，“科学易”的研究有一个理论和方法的导向问题。首先，在理论原则上，应当承认《易》之为书的原始形态，虽是人类智慧创造的一株奇葩，但毕竟是古老中华文化发轫时期的产物。它本身必然是在科学思维的萌芽中充斥着宗教巫术的迷信，即使经过晚周时期《易传》作者们的哲学加工，改变着其中科学思维、人文意识与神物迷信的比重成份，但仍然是原始科学与神物迷信的某种结合。因而，“科学易”作为现代形态的知识体系，必须将这种固有的科学与迷信的结合加以剥离，必须将传统易学中某些固有的神秘性（各种拜物教意识、神物迷信等）加以扬弃。这是十分繁难的任务。因为，历史地把握科学与迷信二者的区别和联系，了解二者既互相对立、排斥，又互相寄生、转化的机制，以及二者能够共生或实现转化的思想文化条件和社会经济根源，并非易事，且在实证科学所凭依的工具理性范围内得不到解决。其次，在文化心态上，应当看到鸦片战争以来的民族苦难和中西古今文化的激烈冲突，在人们思想上曾造成各种困惑和畸变心理。诸如，面对西方科技新成就，希望"古已有之"的"西学中源"说，幻想"移花接木"的"中体西用"说，都是曾经流行过的思想范式，并在中国文化走向近代化的历程中一再把人们引向歧途。显然，"科学易"的研究，应当避免再陷入这样的思想范式及其种种变形，应当跳出中西文化观中的"西方中心"、"华夏优越"、"浮浅认同"、"笼统立异"、"拉杂比附"等误区，而在传统易学与现代科学之间发现真正的历史接合点，从中国"科学易"三百年来具体的历史发展中去总结经验教训，提炼研究方法，开拓未来的前景。

这一未来前景的一个重要方面，就是"科学易"与"人文易"必须相辅而行，成为易学研究中互补的两个主流学派。

与“科学易”相并列的“人文易”，也属现代易学的新流派，而又有其深远的历史渊源。《易传》作者以其对易道的深刻理解，明确意识到“天道”与“人道”、“天文”与“人文”的联系和区别，而强调“人道”、“人文”的意义。《贲卦·彖辞》指出：“［刚柔交错］（据孔颖达《正义》补四字），天文也；文明以止，人文也。观乎天文，以察时变；观乎人文，以化成天下。”“刚柔交错”所展示的“天文”，是人们的工具理性所掌握的自然知识，属“科学易”所探究的内容；而人按一定的社会需要和价值理想去“观天文以察时变”，这一实践活动的意义已属于“人文易”的研究范围；至于作为人类文明的标志，“观乎人文，以化成天下”，更是“易道”的主旨而构成“人文易”的主要内容。足见“人文易”在易学体系中固有其优越的地位。“人文易”所注视的是《易》象、数、图和义理中内蕴的人文精神。它研究的不是蓍卦数而是“蓍之德”，不是卦象而是“卦之德”，不是爻变而是“爻之义”，是“圣人以此洗心，退藏于密，吉凶与民同患”①的价值理想。所以，“人文易”并非对传统的晋易、宋易中义理内容的简单继续，而是对传统易学中“象数”和“义

① 《易传·系辞上传》。

理”的双向扬弃和新的整合。“人文易”的新整合，并非一蹴而就，而是一个历史过程，反映着永恒跳动的时代脉搏。作为走出中世纪的人文意识觉醒的反映，中国“人文易”的发展，也已有三百多年的历史。王夫之以他的易学体系，“其明有、尊生、主动等大义，是为近代思想开一路向”，[①]为近代“人文易”奠定了理论根基。此后，许多论者，继续开拓。或以“体用不二”、“翕辟成变”、生生不已、自强不息、“不为物化”的“人道之尊”等来阐扬“大易”的“义蕴”。或据《乾》、《坤》两卦的《象辞》“天行健，君子以自强不息；地势坤，君子以厚德载物”，来论证中华传统文化中源于“易道”的民族精神。这些先行者的研究与发掘，推进了“人文易”的发展，也启迪着后继者的继续开拓。

三、“人文易”内蕴之民族魂

“人文易”的内容极为丰富，可以从不同的视角去加以考察。如果就“人文易”中的价值理想内蕴于民族文化深层中、长期塑造而成的精神因素而言，可称作民族文化之魂，至少有

① 熊十力：《谈经示要》。

以下几个层面，昭然可述：

（一）时代忧患意识　忧患意识，是中华传统文化中一个特有的道德价值概念，标志着一种根源于高度历史自觉的社会责任感和敢于承担人间忧患的悲悯情怀。这样一种人文价值理想或精神境界，最早、最鲜明、也最集中地体现在《周易》之中。《易传》作者对于《易》的产生并未作神秘的夸张，相反地，把“《易》之兴也”平实地归结为在特定的艰危处境中人的忧患意识的产物：“《易》之兴也其于中古乎？作《易》者其有忧患乎？”进一步再具体化，作《易》的时代环境，乃是殷、周之际的政治变革。“《易》之兴也，其当殷之末世、周之盛德邪？当文王与纣之事邪？”[①]作《易》者（周初统治集团、文王、周公等）的忧患，就在于“小邦周”要战胜、取代“大国殷”所面对的重重困难和艰危处境。文王因之而曾被囚于羑里，周公等更面临各种矛盾而怀着无穷忧虑，谦慎自持，始得以转危为安。《易传》作者在肯定了作《易》者的忧患之后，又从总体上论断《周易》一书：“是故其辞危，危者使平，易者使倾，其道甚大，百物不废，惧以终始，其要无咎，此之谓《易》之道也。”[②]整个“易道”所凸显的，正

① 《易传·系辞下传》。

② 《易传·系辞下传》。

是“朝乾夕惕”、“居安思危”、“外内使惧”、“困穷而通”的忧患意识；并强调地指出：天道自然“鼓万物而不与圣人同忧”；而圣人则必须“吉凶与民同患”，并“明于忧患与故”。[①]

“吉凶与民同患”，“明于忧患与故”，是《易传》阐发“忧患意识”所提出的极为光辉的命题。所谓时代忧患，远非个人祸福，而是一种洞察时艰、深体民瘼的群体意识，不仅要求“与民同患”，而且要求深知忧患的本质及其根源，旨在为消除群体忧患而“鞠躬尽瘁，死而后已”。不同的时代有不同的群体忧患。“人文易”中这一深蕴的“吉凶与民同患”的忧患意识，在传统文化中产生了巨大的影响。历代献身正义事业的志士仁人，先进思潮的号角和旗手，往往也是时代忧患意识的承担者。他们“先天下之忧而忧”，“忧道”、“忧时”、“忧国”、“忧民”，总是怀着“殷忧启圣，多难兴邦”、“生于忧患，死于安乐”的信念，不顾艰难困苦，奋斗不息。

这种忧患意识，具有深沉的历史感，又具有强烈的现实感，它区别于印度佛教的悲愿思想，也不同于西方美学的悲剧

① 《易传·系辞下传》。

意识，而是中华传统文化所特有的人文精神，是我们民族经受各种苦难而仍然得以发展的内在动力，是“人文易”中跳动着的最值得珍视的民族魂。

（二）社会改革意识　客观的自然和社会的变革，不可违阻；而反映为主观上的改革意识特别是社会改革意识，却需要自觉树立。《周易》本是讲“变易”的书；六十四卦的卦序序列，即含有不断改革、永无止境的义蕴；而其中，专立一个《革》卦，更是集中地自觉地树立一种社会改革意识。“天地革而四时成，汤武革命，顺乎天而应乎人。革之时义大矣哉！”①《易传》作者把社会变革——“革去故，鼎取新”②，“穷则变，变则通”③，视为客观必然规律；但适应客观规律，怎样实行变革或改革，则必须创造条件，注意过程，掌握时机，做到措施适当，“应乎天而顺乎人”，而关键在于取得民众的信任。

整个《革》卦的卦爻辞，经过《易传》作者的理论加工，展示为一种从汤、武革命等社会改革实践中总结出的严肃而慎重的社会改革思想，富有深意。首先，认定某项社会改革，必

---

① 《革卦·彖辞》。
② 《易传·说卦传》。
③ 《易传·系辞下传》。

经一个过程，取得民众对改革的信任（“已日乃孚，革而信之”），才能顺利成功（“文明以说，大亨以正”）。其次，强调改革过程的开始，切忌妄动，“不可以有为”。经过一段时间，可以开始发动；但也需要“革言三就”，反复宣传；直到取得民众信任，“有孚，改命吉”。再次，指出到了改革时机成熟，“大人虎变，其文炳也”；再到改革初成，正当“君子豹变，小人革面”之时，又不宜妄动，“征凶，居贞吉”，力求稳定一段以巩固改革的成果。《革》卦内蕴的社会改革意识，既强调“革之时义大矣哉”，“革而当，其悔乃亡”；又充分注意到在改革过程中“有孚”、“乃孚”，即取得民众对改革的信任的极端重要性。如果郑重总结历史上某些改革失败的教训，《革》卦所展示的改革理想模式不是值得再咀嚼么？

（三）德、业日新意识　《易传·乾坤文言》及《系辞上下传》关于人文化成思想的大量论述中，把“德”和“业”作为对举的范畴，认定“易道”所追求的人文价值的最高理想，就是“盛德”和“大业”。“盛德、大业，至矣哉！富有之谓大业，日新之谓盛德，生生之谓《易》。”又说：“《易》，其至矣夫！夫《易》，圣人所以崇德而广业也。”[1]《易》的

---

① 《易传·系辞上传》。

伟大社会作用就在于“崇德而广业”。《易》的思想特点，首先是德、业并举，正如整个六十四卦体系是“乾坤并建”一样，《系辞上传》开宗明义即由“乾以易知，坤以简能”推衍开，“易则易知，简则易从，易知则有亲，易从则有功，有亲则可久，有功则可大，可久则贤人之德，可大则贤人之业”。[①]“德”和“业”，成为人类“可久”、“可大”的追求目标，“德”是内在的道德修养，“业”是外在的功业创建，前属内圣，后属外王，两者不可偏废，必须互相结合。而《易传》的人文思想，更偏重于以德创业，以德守业；由六十四卦卦象引出的《大象辞》，强调的是“君子以果行育德”、“以振民育德”、“以反身修德”、“多识前言往行以畜其德”，[②]表现了这一倾向。

其次，《易传》从“天地之大德曰生”、“生生之谓易”的大原则出发，提出了德业日新思想，“富有之谓大业，日新之谓盛德”。[③]“富有”也有赖于“日新”。不断地开拓创新，不断地推陈出新，是最高的品德。事业的创建，人格的修养，皆是如此。尊生、主动、尚变、日新，是“人文易”的哲

① 《易传·系辞上传》。

② 《蒙卦》、《蛊卦》、《蹇卦》、《大畜卦》之《大象》。

③ 《易传·系辞上传》。

学核心。张载、王夫之、谭嗣同、熊十力，对此均有慧命相续的深刻阐明。

（四）文化包容意识　“《易》之为书，广大悉备”，就在兼三才之道，把“天道”与“人道”、“天文”与“人文”贯通起来考察，依据“天道”来阐述“人道”，参照“天文”来观察“人文”，因而形成“人文易”中的文化包容意识。其主要思想特征是：尚杂，兼两和主和。

首先，《易》把人类文明、文化的原生形态和基本构成，规定为“物相杂，故曰文”[①]；“龙战于野，其血玄黄”所构成的“天地之杂”[②]，正是“文”的发端。尚杂，是人类文化创造的根本特征。

其次，“兼三才而两之”[③]，“一阴一阳之谓道”[④]，是“易道”的思维模式。借以考察人文现象，也就承认各种矛盾和对立。“一阖一辟之谓变”，“参伍以变，错综其数，通其变遂成天下之文”。[⑤]兼两，是考察文化现象变动的致思途径。

---

① 《易传·系辞下传》。
② 《坤卦·文言》。
③ 《易传·说卦传》。
④ 《易传·系辞上传》。
⑤ 《易传·系辞上传》。

再次，“易道”用以考察人文化成的基本文化心态，是主和。“乾道变化，各正性命，保合太和，乃利贞！首出庶物，万国咸宁。”[①]这个“和”范畴，经过史伯、晏婴、孔子等的琢磨，旨在反对专同，而是能够容纳杂多和对立的更高层次的范畴，成为文化包容意识的理论支柱。

以尚杂、兼两、主和的文化观及文化史观，明确认定“天下同归而殊途，一致而百虑”[②]是人文发展的客观自然进程，只能“学以聚之，问以辩之，宽以居之，仁以行之”，[③]才有可能察异观同，求其会通。这是人文化成的必由之路。司马谈衡论六家要旨，[④]黄宗羲提倡“殊途百虑之学”，[⑤]王夫之作出“杂以成纯”、“异者所以贞同”的哲学概括，[⑥]都是“人文易”中文化包容意识的继承和发挥，“含弘光大”，至今具有生命力。

以上仅从“时代忧患意识”、“社会改革意识”、“德、业日新意识”、“文化包容意识”四个侧面揭示了“人文易”

---

① 《易卦·彖辞》。

② 《易传·系辞下传》。

③ 《乾卦·文言》。

④ 《史记·太史公自序》。

⑤ 黄宗羲：《明儒学案·自序》。

⑥ 王夫之：《周易外传》之《杂卦传》、《未济传》。

的内蕴，蠡酌管窥，聊举一隅，亦足以证明“人文易”确有丰富内容，值得认真发掘。

1991年5月

附：

1984年初夏，全国《周易》讨论会在武昌举行，先枚诗家首唱，谨和：

相期赤水觅玄珠，重演羲文象数图。
杂以成文风水涣，嘤其鸣矣楚天舒。
从来忧患生奇慧，且向明夷卜远谟。
海外潮声三次近，鸿蒙冲破启新途。

道家风骨略论

一

道家，远慕巢、许，近宗老聃，独阐道论。虽然老聃被司马迁称为“隐君子也”，“修道德，其学以自隐无名为务”（先秦无“道家”之名，亦无人以道家学者自命），而道论——老学的研究，却流播民间，蔚为思潮，不仅与儒、墨、名、法等显学相并立，积极参与了先秦诸子的学术争鸣；而且，以其理论优势，漫汗南北，学派纷立，高人辈出，论著最丰。[①]到秦汉之际，融摄各家思想而发展为新道家，对汉初新制度的巩固和社会经济的繁荣发挥过独特的导向作用；汉初最

① 关于道家的分派和《汉书·艺文志》所反映的诸子九流、十家的论著以道家为最多，我在《道家·隐者·思想异端》一文中略有论述，参拙著《吹沙集》第148—153页。

博学的司马谈《论六家要旨》，通观当代学术思潮，总结各家理论贡献，独对道家的成就及其学风给予了高度评价。中央集权的封建专制法度确立之后，在儒法合流、儒道互黜中，道家虽长期被斥为“异端”，但仍然以茁壮的学术生命力和广泛的思想影响，渗入民族文化意识深层，成为传统文化中的主流学派之一，并具有其独特的思想风骨。

“风骨”二字借自刘彦和《文心雕龙·风骨》篇，原意指文艺创作中的风力和骨髓所构成的气势，亦即文艺家在创作时潜在的倾向激情或作品中内在的精神力量。彦和所谓“辞之待‘骨’，如体之树骸；情之含‘风’，犹形之包气”，“风骨不飞，则振彩失鲜，负气无力”。其引伸义，可以涵摄更广。如陈子昂所说：“汉魏风骨，晋宋莫传”①，乃泛指汉魏文风的恢宏气象。又如钟嵘《诗品》曾称赞刘桢的诗达到了“真骨凌霜，高风跨俗”的境界；而李白在《大鹏赋序》中称：“余昔于江陵见天台司马子微，谓余有仙风道骨，可与神游八极之表……”“真骨高风”、“仙风道骨”，这类颇具质感的表述，似乎更能道出道家的思想和学风所涵有的某种内在精神气质的特征。

① 陈子昂：《修竹篇序》。

曾有论者从儒道对立互补的总格局着眼，认为儒家的精神气质趋向于“贤人作风”，道家则表现了“智者气象”，这一分疏，似也近理，但由于“贤人作风”与“智者气象”等词，经赵纪彬、侯外庐等的提倡、论证，原是用以区分古代中国与西方（尤其指古希腊）的哲学思想特质的。“薰然慈仁”的儒家，确具有“贤人作风”；而把“绝圣弃智”的道家比作古希腊智者（以外向自然、追求知识为务），则显然不类。仅就先秦诸子而论，被道家斥为“其道舛驳”、“逐万物而不反”的名家，或宜归于“智者气象”；类推之，则墨家近于工匠意识，法家近于廉吏法度，而道家，则似可说是表现了隐者风骨。

二

道家风骨的形成，有其深远的社会根基。

中国作为东方大国，古先民在亚洲东部广阔土地上缔造文明时，走着一条特殊的途径。依靠原始共同体的分工合力，早已创造了河洛、海岱、江汉等史前文化区，原始氏族公社及其向文明社会的过渡、经历了曲折漫长的岁月（从黄帝、炎帝时代起，经过颛顼、尧、舜，到夏王朝的建立，共经历了二十个世纪），而且氏族公社的一些遗制和遗风始终被保留下来。因而，我国文化的黎明期，氏族制开始瓦解的社会蜕变过程中，已出现了一批抵制阶级分化，对奴隶制文明抱着怀疑、批判态度乃至强烈反抗的公社成员。他们向往氏族制下原有的纯朴道德和原始民主，反对文明社会必将带来的矛盾冲突和贪残罪恶……乃至在国家机器形成中自己可能被推上首领地位，由公仆转化为主人而享有的各种特权，也表示鄙弃、拒绝和逃避：这就是最早的"避世之士"。他们的独特言行，对社会现实的批判和超越态度，被人们传为美谈。"日出而作，日入而息；凿井而饮，耕田而食。帝力于我何有哉？！"这首古《击壤歌》所表达的，正是这类独特人物的心态。《庄子》书中有《让王》等篇，专述这类人物"鄙弃名位如敝屣"的故事。其中除了"尧以天下让许由，许由不受"的著名传说外[1]，还有一则云："舜以天下让善卷，善卷曰：'余立于宇宙之中，冬日衣皮毛，夏日衣葛絺；春耕种，形足以劳动；秋收敛，身足以休食；日出而作，日入而息，逍遥于天地之间而心意自

① 依皇甫谧《高士传》的综述，略谓：许由，尧时高士，隐于沛泽，尧以天下让之，逃隐箕山。尧又召为九州长，许由闻之，乃洗耳于颍水之滨。时其友巢父，牵犊欲饮，见由洗耳，问其故，许由告之，巢父急牵牛赴上流饮之，曰：勿污吾犊。（《史记·伯夷列传》正义引《高士传》）

得。吾何以天下为哉？！悲夫，子之不知余也。’遂不受，于是去而入深山，莫知其处。”类似的许多故事，正是这类人物行迹的史影。善卷的言论，与古《击壤歌》类似，反映了氏族公社分化中另一种价值取向。

在氏族社会末期，已有这样一批鄙弃权位、轻物重生的特殊人物，并成为人们仰慕的对象①。往后，在以贪欲为动力的阶级社会中，仍不断地涌现出辞让权位爵禄、甘心退隐山林的高士、逸民，继承这一古老传统，诸如殷初的卞随、务光，周初的伯夷、叔齐等，皆名彪史册。到了春秋战国时期，由于社会变革中的贵贱易位与“士”阶层的沉浮分化，更出现大批隐者。《论语》、《史记》等实录了他们中许多人的名号、言论和时人对他们的赞扬，《庄子》、《列子》等书中更夸张地赞述了许多隐者的行迹和精神风貌。这些隐者，“游方之外”，避世、遁世却并非出于厌世，而是由于愤世嫉俗，洁身自好，所谓“欲洁其身而乱大伦”②，由反抗伦理异化到反对政治异化；试图以德抗权，以道抑尊，蔑弃礼法权势，傲视王公贵

① 司马迁称：“余登箕山，其上盖有许由冢。”郦道元《水经·颍水注》：“山下又有许由庙，碑阙尚在。”《太平御览》卷一七七引戴延之《西征记》云：“许昌城有许由台，高六丈、广三十步、长六十步，由耻闻尧让，而登此山，邑人慕德，故立此台。”足见许由一直为人们所崇敬和仰慕。

② 《论语·微子》。

族，所谓“志意修则骄富贵，道义重则轻王公”[①]。以至“天子所不得臣，诸侯所不得友”[②]。他们往往主动从统治层的权力斗争漩涡中跳出来，与权力结构保持一定的距离和独立不阿的批判态度，所谓“在布衣之位，荡然肆态，不诎于诸侯，谈论于当世，折卿相之权”[③]。甚或“羞与卿相等列，至乃抗愤而不顾”[④]。他们自愿退隐在野，较多接触社会现实，深观社会矛盾，了解民间疾苦，从而有可能成为时代忧患意识和社会批判意识的承担者。他们为了贵己养生，遁居山林，注意人体节律与自然生态的观察和探究，强调个体小宇宙与自然大宇宙之间的同构与互动的关系，从而有可能成为民间山林文化和道术科学的开拓者。这样的隐者群，在中国古代社会中是一个特殊阶层。他们的生活实践，乃是道家风骨得以形成和滋长的主要社会根基。

道家风骨的形成，自当有其思想文化条件。《老子》一书反映了道家思想的成熟体系。它熔铸了大量的先行思想资料，既有当时最先进科学技术知识的总结（诸如天体“周行”的规

① 《荀子·修身》。
② 《后汉书·逸民列传》。
③ 《史记·鲁仲连列传》。
④ 《后汉书·逸民列传》。

律、冶铸用的‘橐籥’的功能等），也有个人立身处世经验的总结，而更主要的是富有历史感地对“大道废，有仁义，智慧出，有大伪”的文明社会的深层矛盾进行了透视和总结。班固称“道家者流，盖出于史官，历记成败、存亡、祸福、古今之道、清虚以自守、卑弱以自持。”此所谓“出于史官”非仅实指作为道家创始人之老聃做过“周守藏史”，而是泛指道家思想的重心乃渊源于对以往“成败、存亡、祸福、古今之道”的研究和总结。《庄子》有“参万岁而一成纯”一语，王夫之曾给以深刻阐释：“言万岁，亦荒远矣，虽圣人有所不知，而何以参之？乃数千年以内见闻可及者，天运之变，物理之不齐，升降、隆污、治乱之数，质文风尚之殊，自当参其变而知其常，以立一成纯之局，而酌所以自处者，历乎无穷之险阻而皆不丧其所依，则不为世所颠倒而可与立矣！”[①]这正是依赖于历史教养而形成的道家风骨的最好说明。

当然，道家风骨的形成，还有更广阔的思想土壤与理论源泉。《老子》一书以其理论思维水平，对远古至旧制崩解的春秋时期哲学发展的积极成果作了一个划时代的总结。“道”概念的凝成，及“道生一，一生二，二生三，三生

① 王夫之：《俟解》。

万物，万物负阴而抱阳，冲气以为和”这一命题的提出，就已涵摄了以往大量的哲学思辨成果，并使之整合为新的范畴系统；“有无相生……”、“反者道之动”等哲学概括，综合了古代辩证智慧的丰富成果而标志着我国朴素矛盾观的历史形成。而且，古代气功养生等方术科学和对神仙境界的自由向往，原始朴素的非功利的审美观、道德观等，也都被纳入思想体系，成为道家风骨的重要文化基因。

三

道家风骨的内涵，具有模糊性而又包容甚宽，仅就其在思想和学风上表现的普遍特征而言，至少有以下几个层面，灼然可见：

（一）“被褐怀玉”的异端性格，这是道家风骨的重要特征。圣人“被褐而怀玉”，是《老子》书中对理想人格美的一句赞词，乃指布衣隐者中怀抱崇高理想而蔑视世俗荣利的道家学者形象。他们在等级森严的社会中，自愿处于“被褐”的卑贱者地位，对世俗价值抱着强烈的离弃感，对现实政治力图保持着远距离和冷眼旁观的批判态度，从而在学术思想上往往表现出与正宗官学相对峙的异端性格。在西方，针对天主教会的神权统治和宗教异化，而有活跃于整个中世纪的神学异端；在中国，针对秦汉以来儒法合流所营建的以皇权专制与伦理异化为核心的封建正宗，道家便被作为思想异端而出现。秦皇、汉武为巩固专制皇权，百年中曾兴两次大狱，一诛吕不韦集团（包括《吕氏春秋》作者群），一诛刘安集团（包括《淮南鸿烈》作者群），除了政治诛杀以外，主要打击对象乃是大批道家学者。司马迁曾指出：儒、道互黜，表现了“道不同不相为谋”的思想路线的对立，也就是正宗和异端的对立。汉代，自武帝接受董仲舒“独尊儒术”的献策之后，大批儒林博士，由于奔竞利禄而使儒学日趋僵化和衰微。这时，正是处于异端地位的道家，虽屡遭打击而仍固守自己的学术路线，坚持天道自然，反抗伦理异化，揭露社会矛盾，关怀生命价值，倔强地从事于学术文化的创造活动和批判活动，形成了特异传统，凸显了道家风骨。如司马迁，被斥为“论大道则先黄老而后六经”，在身受腐刑，打入蚕室的困顿处境中，奋力写成了《史记》这部光辉巨著；此外，隐姓埋名的“河上公”，卖卜为生的严君平，投阁几死的扬雄，直言遭贬的桓谭，废退穷居的王充等卓立不苟的道家学者，正因为他们被斥为异端而他们也慨然以异端自居，故能在各自的学术领域自由创造，取得辉煌成就。以王充为例，正当汉章帝主持盛大的谶纬神学会议，儒林博士们“高论白虎，深言日食”的喧嚣气氛中，勇于举起“疾虚妄”的批判旗帜，自觉地“依道家”立论，“伐孔子之说”[①]，“奋其笔端以与圣贤相轧”[②]，千多年后还被清乾隆帝判为“背经离道”、“犯非圣无法之诛”[③]。足见《论衡》一书的思想锋芒确乎表现了一个异端思想家的品格。此后，在长期封建社会中，凡真具有道家风骨的民间学者，无不表现这种可贵的品格。

（二）“道法自然”的客观视角。“人法地，地法天，天法道，道法自然”，这是道家思想的理论重心，决定了道家对社会和自然的观察、研究，都力图采取客观的视角和冷静的态度。这与儒家把“道”局限于伦理纲常的伦文至上乃道统心传观念等相比，显然更具有理性价值，更接近于科学智慧。道家超越伦理纲常的狭隘眼界，首先，力图探究宇宙万物的本原（“道”是“天地之根”、“万物之母”，“道”被规定为：“自本自根，自古以固存，神鬼神帝，生天生地……”，这样的理论思维，对宗教意识和实践理性的超越和突破，标志着我们民族的哲学智慧的历史形成！其次，力图通观人类社会

① 《论衡·同孔》。
② 《四库全书总目提要》之《论衡》提要。
③ 《读王充〈论衡〉》。

由公有制向私有制、由氏族制向奴隶制的过渡及其二重性（道家着力研究原始公社“自然无为”原则被阶级压迫原则所破坏以后的社会矛盾，出现了战争、祸乱、虚伪，出现了“损不足以奉有余”的残酷剥削，出现了“危生弃生以殉物”、“以仁义易其性”的人的异化，从而富有历史感地提出了救治之方及“无为而治”的理想社会的设计）。由“道法自然”的客观视角对社会现实的批判与对社会矛盾的揭露，从老庄开其端，在王充、嵇康、阮籍、陶渊明、鲍敬言、刘蜕、邓牧等的论著中，得到鲜明的反映，表现了道家由自然哲学转向社会哲学的研究成果及其价值取向（反抗伦理、政治的异化现象、提倡否定神权、皇权的无神论、无君论等）。至于“道法自然”的思想定势，更主要唤起道家学者大都热爱自然、重视“天地与我并生，万物与我为一”的自然生态，尊重客观自然规律，因而极大地影响和推动了我国古代各门自然科学的发展。从贵己养生，全性葆真出发，道家更强调了自然和人之间、宇宙大生命与个体小生命之间的同构与互动的关系，诱导人们从自然哲学转到生命哲学，更具体化到对人体功能和自然节律的深入研究，大大促进了中国特有的医药气功理论及养生妙术。中国民间道术科学的发展，许多科技成果及自然和生命奥秘的静心探研，首应归功于道家；而许多卓有成就的科学家，如扬雄、张衡、葛洪、陶弘景、孙思邈、司马承祯、陈抟等，都是道家人物并具有道家特有的思想风骨。

（三）物论可齐的包容精神，这是道家学风的特点。由于长期处于被黜的地位，与山林民间文化息息相通，道家的学风及其文化心态，与儒家的“攻乎异端”、“力辟扬墨”和法家的“燔诗书”、“禁杂反之学”等文化心态的褊狭和专断相比，大异其趣，而别具一种超越意识和包容精神。他们对于“万物并作”、百家蜂起的学术争鸣局面，虽也曾担心“智慧出，有大伪”①，“百家往而不返，道术将为天下裂”②，但他们基本上抱着宽容、超脱的态度。如《老子》提出“知常容，容乃公”的原则，主张“挫锐”、“解纷”、“玄同”、“不争”③。稍后，北方道家宋钘、尹文等强调“别囿”，主张“不苟于人，不忮于众”、“以聏合欢，以调海内”；田骈、慎到也提倡“公而不党，易而无私”④，在他们的带动下，所形成的齐稷下学风，使学宫中各家各派并行不悖、自由论辩、兼容并包、互有采获，成为古代学术繁荣最光

① 《老子》第十六章。
② 《庄子·天下》。
③ 《老子》第四章、第二十二章。
④ 《庄子·天下》。

辉的一页。南方崛起的荆楚道家，以庄子为代表，更为道家学风的开放性、包容性和前瞻性作了理论论证，提出“物论”可齐，“成心”必去，分析学派的形成和争论的发生，学术观点的多样化，是不可避免的“吹万不同，咸其自取”。因而，基于“道隐于小成，言隐于荣华”而产生的儒墨之是非，只能任其“两行”——“和之以是非，而休乎天钧，是之谓两行”。[1]《秋水》等名篇，深刻揭示了真理的相对性、层次性和人们对于真理的认识的不同层次都有的局限性；“井蛙、河伯、海若”的生动对话的寓言，既指出“以道观之，物无贵贱；以物观之，自贵而相贱”；又通过认识的不同层次，把人们引向开阔的视野，引向一种不断追求、不断拓展、不断超越自我局限的精神境界。这是庄子对道家思想风骨的独特体现。儒、法两家，都有把“道”凝固化、单一化的倾向。如孔子说：“朝闻道，夕死可矣。”[2]韩非说：“道无双，故曰一，是故明君贵独道之容。”[3]而庄子却说，道“无所不在”[4]；“指穷于为薪，火传也不知其尽”[5]。《庄子》上记载

① 《庄子·齐物论》。
② 《论语·里仁》。
③ 《韩非子·扬权》。
④ 《庄子·知北游》。
⑤ 《庄子·养生主》。

颜回对孔子毕恭且敬，亦步亦趋，但仍然跟不上，称："夫子奔逸绝尘，则回瞠若乎后矣！"[1]庄子却对后学说："送君者自其涯而返，君自此远矣！"[2]这显然是两种学风，两种文化心态。道家以开放的心态，对待百家争鸣，在学术文化上善于学诸家之长，走自己的路。司马谈总结先秦诸家学术时，正是从学风角度赞扬道家能够博采众长，取精用宏，"因阴阳之大顺，采儒墨之善，撮名法之要，与时迁移，应物变化"，"以虚无为本，以因循为用，无成势，无常形，故能究物之情。"这一兼容博通的学风，影响深远。唐宋以降的道家及道教理论家，大都善于继承老、庄学脉，大量摄取儒、佛各家思想，尤其大乘佛学的理论思辨，诸如：李荣、成玄英之论"重玄"有取于三论宗的"二谛义"，司马承祯的坐忘论有取于天台宗的"止观"说，而全真道派袭山林隐逸之风，更倾心吸取禅宗的慧解，并非舍己耘人，食而不化，而是有所涵化和发展。马端临在《文献通考》中评定："道家之术，杂而多端"，此语可从褒义理解，正反映出道家学风的开放性和博通兼容精神，这是值得珍视的思想遗产。

以上对道家风骨的内涵的概述，仅系例举一斑，远非全

① 《庄子·田子方》。

② 《庄子·山木》。

豹。但已足以表明，道家思想风骨在我国传统文化的发展中，据有重要的地位，发挥过独特的文化功能。它在历史上所起的作用，尽管由于本身的局限或被歪曲利用而存在着消极面，但从中华文化的总体发展上看，是积极的，是促进的因素。至于道家思想风骨的现代意义，能否实现其与现代化的历史接合，则是有待探究的重要课题。

1992年10月

佛家证悟学说中的认识论问题（附：五台行吟稿）

佛家哲学，简言之，可说是一种以人生究竟、宇宙实相为对象的特殊形态的本体理论以及人作为认识主体对于这“究竟”、“实相”如何体认、把握的证悟学说。从哲学本体论角度，可以探究佛家关于宇宙的构成要素、变化过程、缘起模式，以及宇宙万物（境）的本质和现象、真相和假相、一般和个别、总体和局部、合成和崩坏、原因和结果、统一和杂多等问题的独特论述。从哲学认识论角度，则可发现佛家对于主体的认识活动及其结构、功能，主体对“本体”的把握或契合的方式、途径等，也进行过多方面探析，涉及认识论和真理论的一系列复杂问题。

中国化的佛学，以“证菩提”为归趋，主“心性本觉”（不同于印度佛学以“入涅槃”为归趋，主“心性本寂”），因而尤为重视“智光”、“慧观”、“觉解”、“心悟”，与老庄玄学相融会，被纳入中国哲学认识史的逻辑进程，促进了宋明时期哲学理论思辨的发展，直到近现代仍保持其对思想界的吸引力。

试以吉藏的“四重二谛义”、玄奘的“八识四分说”、慧能的“亲证顿悟说”为例，略论其在认识论方面的贡献。

一、吉藏的“四重二谛义”

1.“关河之学，传于摄岭”

自罗什来华，精译“四论”（指龙树的《中论》、《十二门论》、《大智度论》和提婆的《百论》），传入龙树、提婆之学，如僧叡所赞：“斯四者，真若日月入怀，无不朗然鉴彻”（《中论序》）。一时僧肇等为之阐扬，达到很高思辨水平。但当时涅槃学一度盛行，而般若学反而中衰，接着是北讲毗昙，南崇成实，小乘理论颇惬人心，表明理论发展的过渡环节似不可或缺。稍后，直到南朝齐、梁之际，僧朗南来摄山，再弘“三论”——《中论》、《十二门论》、《百论》，复兴关河之学，被誉为“清规挺出，硕学精诣”，“阐方等之指归，弘中道之宗致”。①经过僧诠、法朗，敢破敢立，“历毁诸师，非斥众学”，始立“山门玄义”；吉藏总其成，笃学精思，著述宏富，道宣评其“貌像西梵，言实东华”，非仅因吉藏系西域安息族人而精通汉文，实指其远承僧肇，把龙树般若空宗理论进一步中国化了。

2.“二谛若明、众经皆了”

关于“二谛”含义，南朝义学中异说纷纭，梁昭明太子萧统曾组织讨论（见《广弘明集》），有十余家，约分三派，但都就客体的“境”或“理”上说，乃成实师旧义；吉藏批判各家，肯定“二谛”乃就主体的言教说，应机立说，两种言教表达了唯一真实，即将“二谛”纳入认识论领域。“二谛”，指人们对客观对象的认识和认识的结果具有二重性乃至多层次的差异性。“二谛义”旨在解决常识（俗谛）与佛理（真谛）之间的差距以及佛理内部各家说法的差异和矛盾，它是龙树中观理论的重要发挥，也是中国化佛教的判教理论的逻辑论证。

诸师讲“三重二谛”，吉藏创造性地发展为判教式的“四

① 江总持：《栖霞寺碑》。

重二谛义”。声称“他（师）但以‘有’为世谛，‘空’为真谛。今明，若‘有’若‘空’皆为世谛，非‘有’非‘空’始明真谛。三者，‘空有’为二，非‘空有’为不二，二与不二皆是世谛；非二、非不二名为真谛。四者，此三种二谛皆是教门，说此三门，为令悟不三，无所依得，始名为理”，“言亡虑绝，为第一义，即第四重义也”。[1]吉藏把人对真理的认识看作是真俗二谛依次递进的四个层次，虽其最后目的在于引向“言亡虑绝”的自我掏空的宗教归宿，但既对主体的认识能力及认识结果进行了认识论意义的多层次分析，这就必然触及到关于真理认识的二重性以至多级性问题，触及到认识过程中由现象到本质，通过现象、排斥假相而接近本质、悟出真相，由一级本质再进到二级本质以至无穷等认识逐步深化的问题，有其合理因素。

吉藏进而论到真谛与俗谛之间的矛盾关系，既对立互斥，又具同一性，互相依存转化。认识的每一层次，真与俗正相反对，真谛乃是在对俗谛的破斥中显示出来，此之谓“破邪显正”；佛家全部经论都是在不同层次上“破邪显正”。但同时，真、俗二谛又是互为前提的依存互补关系：“俗非真不

① 《大乘玄义》卷一。

俗，真非俗不真。非真则不俗，俗不碍真；非俗则不真，真不碍俗。真不碍俗，俗以真为义；俗不碍真，真以俗为义。”在认识的各层次中，真、俗二谛互相依存转化，因而通观全过程（判教），则以往的俗谛亦不可废，皆是走向真谛的一步步阶梯。“有方便，三不废者，即不坏假名，说诸法实相，不动等觉，建立诸法。唯假名，即实相，岂须废之。”并宣称：“明俗是真义，真是俗义，他家无此义。”[①]用“双遣两非”的否定方法所展开的“四重二谛义”，确乎是吉藏的创见。在所谓“五句三中”、“究竟无得”的神学思辨的迷雾中，透露出辩证思维的光辉。

二、玄奘的“八识四分说”

1.“缘起性空”的理论发展

缘起说为佛家从小乘到大乘的共同理论基石。小乘着眼于人生过程，以五蕴合成、十二因缘支配的缘起说来论证“人无我”。大乘空宗以缘起性空说普遍地论证了“法无我”，“众因缘生法，我说即是空。何以故？众缘具足，和

① 《二谛义》卷上。

合而物生；是物属众因缘，故无自性；无自性，故空”[①]。通过二谛义，以假成空，由假显空，旨在遣“有”。大乘有宗则提出“二自性”（“假说自性”与“离言自性”）、“三自性”（“偏计所执自性”、“依他起自性”与“圆成实自性”）与“四缘”（“因缘”、“次第缘”、“所缘缘”与“增上缘”）来充实缘起说，旨在遣“无”，重点移到对认识主体的自我意识结构及其能动功能的分析。“由假说我、法，有种种相转，彼依识所变。”[②]由认识论的角度深化了佛家的缘起说。

2.“八识”、“四分”的主体结构思想

玄奘及弟子窥基等传入和发挥无著、世亲之学，创立唯识学，从“唯识无境”的前提出发，着力于认识主体的内部结构及其功能的剖析。

首先，把作为精神主体的“心法”分为“八识”，表现了对主体的认知心理结构，力图作出层次性的分析，可简括如下：

---

① 《中论·观四谛品》第二十四。

② 《唯识三十颂》。

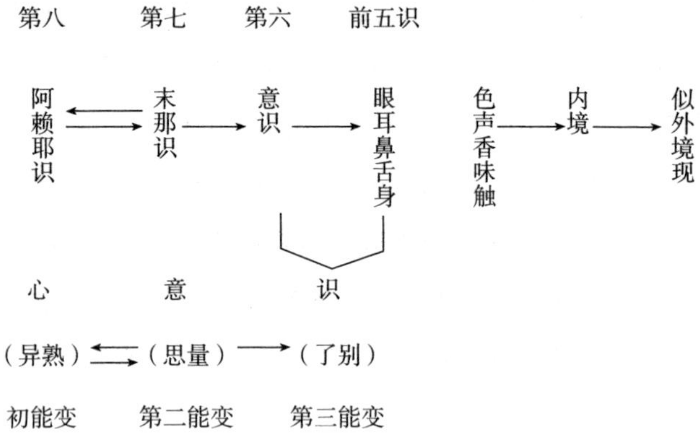

1）前五识，各有所据之“根”与所缘之“境”，活动间断而粗浅。

2）第六意识，比前五识深细，无前五识的局限性，既可与前五识共同活动，使其认识更加明晰，并把认识结果储为记忆，名“五俱意识”；又可单独活动，名“独行意识”（又分“散位独行意识”、“定位独行意识”、“梦位独行意识”三种），凡此，形成“分别我执”。

3）第七末那识，乃第六识的“意根”，是前六识依存的主体，其特点是不以外境为对象，不间断地把更深层的第八识的“见分”执着为自内我，由此形成“俱生我执”，产生“我痴、我见、我慢、我爱”诸烦恼。以其“恒审思量”，又名“思量识”，成为第六意识与第八阿赖耶识之间的中介。

4）第八阿赖耶识，又名“藏识”、“种子识”、“异熟识”，它既包藏前七识一切潜在活动的“种子”，又能接受前七识活动结果给予的影响，并不断地引发前七识的新的活动。如此刹那相续，势如瀑流，恒转不息。

唯识学关于八识的划分，相互区别又相互依转的复杂联结，虽有不少臆测和虚构，但其中也反映了佛家对认识主体的内部结构、对认识活动的心理机制，从显到隐，由浅入深，从意识到潜意识，做了一定的分析，达到了一定的密度。

其次，关于八识各具“四分”的观点，是唯识学对主体的认识功能结构的分析，可简括如下：

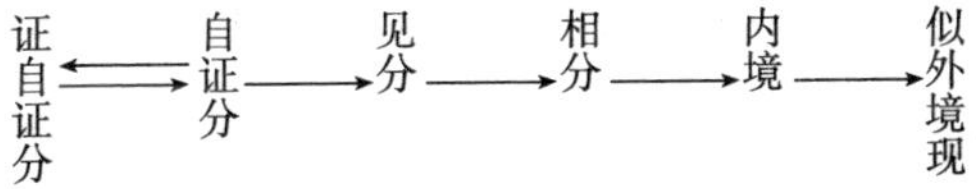

1）“相分”和“见分”，均为识体所变现。“相分”是识体生起时所必然变现出的所缘之“境相”，即前七识的认知活动并非直接识别所缘之“实境”（本质），而仅是其“相状”（映现于主观意识中的影像）。只有第八识才能直接以“实境”为所缘的“相分”。“见分”是识体自身具有的了别所缘对象的作用、机能。一切我、法（主、客观现象），都是识体所变，如蜗牛出头，同伸两角，一为“见分”，一为“相分”。

2）“自证分”与“证自证分”，均是识体固有的自我证知的能力。“自证分”对“见分”了别其“相分”的结果加以度量和确证；“证自证分”再对“自证分”加以验证，而“证自证分”与“自证分”则辗转自证，不假外求。

3）唯识学还提出“三量”（能量、所量、量果）来说明“四分”之间量度证明的关系。

“四分”、“三量”说，认为识体自身具备认识对象、认识能力、认识结果及其验证的功能，这纯属唯心主义的夸张，但其中含有强调认识活动中，主体参与的能动性及对于认识对象分解、整合的必要性等合理因素；至于认识结果的检验问题当以实践为最后圭臬，但在认识中反复总结、“反思”、“自证”，也应有其重要意义。

最后，关于“转识成智”的理论，是唯识学的归宿，认为通过修持可以“转八识以成四智”，即把前五识转变为“成所作智”，把第六意识转变为“妙观察智”，把第七末那识转变为“平等性智”，把第八阿赖耶识转变成“大圆镜智”。其中虽杂有不少宗教道德意识，但把主体智慧的丰富性和人性的自我完善视为成佛的标志，对理想人格的追求和塑造是颇有理论价值的。

三、慧能的“亲证顿悟说”

1.“静默的哲学”或“诗化的哲学”

慧能创立的中国化的佛学禅宗（南禅），以其坚持“即心是佛”、“以心传心”、“不立文字”、“第一义不可说”，因而以更尖锐的形式提出并深化了佛学特有的认识论问题。

强调“证悟”，是佛家共识。其重要根据是意识到正常人类认识及其媒介工具（语言、文字等）全都有其局限性，甚至把常人的认识夸大为是产生“颠倒迷误”的根源。因而只有在人们正常认识能力之外去发挥另一种真正的智慧，寻找另一条特殊的认识途径，“转识成智”，“由迷到悟”，才能领悟佛家的终极真理，达到主体与本体的冥合。但如何“转识成智”，如何“由迷到悟”？佛家各派各自立说，既有区分“信解”与“证悟”而又两者并重之说，又有对证悟途径和方式的“渐”、“顿”之争。慧能创立的南禅，以特有的敏锐把认识固有的矛盾展开，使之趋向极端，自觉地陷入“第一义不可说”的悖论困境中而别求出路，提出“亲证”、“顿悟”之说，强调遮诠、否定乃至静默的认识功能，并充分重视了诗化的审美意识的认识论意义，从而推进了佛家的排遣常人认识的认识理论。

2.“直下无心、本体自观”

禅宗“即心是佛”的本体论，区分“心之体”（“本寂之体”）与“心之用”（“本智之用”，如见闻觉知等），强调只有排除一切“见闻觉知”，才能“于心中顿见真如”。通过“说即不中，拟议即乖”，“以心觅心，一觅便失”的论证，凸显了区别于一切间接性认知的直接性体知的重要意义。

“只汝自心，更无别佛”，在禅宗被当作是首要的信念。把“自心”与“佛”、小我生命与大千世界融合为一的成佛境界，包括通过瞬间，悟到永恒；突破有限，达到无限；超越必然，得到自由等。这种种禅悟心态，只能自己去亲证，去体知，他人无从代劳。“如人饮水，冷暖自知”，“智者乐水，仁者乐山”，拈花微笑，目击道存，以及“非宗教的高峰经验”等，都是古今哲人共有的内在体验。

禅宗夸大认识运动中相对与绝对的对立，认为一切见闻觉知、语言文字、逻辑思维都以其固有的相对性而不可能把握绝对的“真如本体”，只有通过某种契机，实现精神境界和认识能力的自我突变，激发顿悟，一次完成，所谓“一念相应，便成正觉”，“恒沙妄念，一时顿尽”，这是通过某种神秘直觉而达成的超验性飞跃。认识运动中固有各种形式的飞跃，禅体验是其一。

“第一义不可说”，乃一悖论。为逃出困境，禅门各宗既有“应机接化”的方法（如曹洞宗的“五位君臣”、临济宗的“四照用”、云门宗的“三句”等），又有“公案”、“颂古”、“评唱”等方式，对佛家“表诠法”与“遮诠法”的认识理论有所拓展和深化。而禅门的诗化，大量禅诗和诗禅的出现，表露了认识活动中求真、趋善和审美的统一，逻辑思维、直觉思维和形象思维的互补，既有必要，又属必然。

总之，佛家哲学中的证悟论诸形态，各以其特殊的致知方式，探索了不少认识论的复杂问题。它们在人类认识史上留下的思想遗产，似乎并非全是“不结果实的空花”。

附：五台行吟稿

小序：这篇论文，首次宣读于山西五台山举行的“中国佛教思想与文化国际研讨会”（1992年7月）。会中，行吟五台，有诗纪怀，略加简注，附存于此，盖亦落叶空山，自寻行迹之类耳。

一

抛却尘嚣入五台，佛光迎面慧门开。

老松似解文殊意，历尽风霜向未来。

初入山，首访佛光寺，有唐松二株，巍然矗立。五台山，乃中国佛教四大名山之一，传为文殊道场。峰峦奇秀，寺庙林立，明释镇澄所撰《清凉山志》称其景色殊胜，使入其境者“昏昏业识，望影尘消；汩汩烦心，观光慧朗”。

二

澄观妙悟说华严，此地清凉别有天。

蓦地雷音狮子吼，空山灵雨润心田。

访清凉寺，遇雷阵雨。澄观（738—839），唐代高僧，被尊为华严宗四祖，曾于五台山讲说《华严经》。经中有云:“东北方有处名清凉山，现有菩萨名文殊师利，与其眷属诸菩萨众一万人俱，常住其中而演说法。”澄观将经中所称清凉山，妙解为即五台山，并详加论证。因此，五台山即被定为文殊道场。《大智度论》称释迦牟尼佛为“人中师子”。《涅槃经》云：“无上法雨，雨汝心田，令生法芽。”

三

隐几维摩原未病，文殊慰语忒多情。

对谈忽到无言处，花雨纷纷扫劫尘。

原南山寺外有“二圣对谈石”。“二圣”，事详《维摩诘经》，谓居士维摩诘深通大乘佛法，一次示疾，释迦牟尼佛派文殊师利等前去问病，共论佛法，论到最精妙处，维摩诘眷属天女出来散花相庆。

四

蟠藕修罗梦未圆，无端歌哭堕情天。

随缘暂息清凉镜，始信禅心是自然。

阿修罗，简称修罗，本为佛教所说六道之一、八部众之一、十界之一，又转化为阿修罗王，好斗，反抗帝释天，战败，暂时蟠身于污泥藕孔之中。事见《观佛三昧海经》。王夫之诗词中常有蟠藕修罗的形象。

五

劫波千载渺难寻，不二楼前集众音。

显密各宗合一脉，如来欢喜百家鸣。

五台山之西台北侧，有“不二楼”，建于唐代。日本高僧圆仁于唐开成五年（840）游此，曾有记；明崇祯六年（1633）徐霞客游此，亦有记，足见盛况。五台山共一百多寺庙，显、密各宗俱有，殊途同归，并行不悖。

六

暂住云峰似虎溪，当年三笑岂支离。

东台日出西台月，万古长空不可疑。

随缘参加“中国佛教思想与文化国际研讨会”，寄住云峰宾馆，门前有山溪，与数友散步溪边，颇似当年虎溪之聚。东台观日出，西台赏月，为五台山中奇景。禅宗常以“万古长空，一朝风月”等诗语喻禅境，似有从瞬间把握永恒，从有限悟到无限之意。

略论杨泉的《物理论》

杨泉，是三国、西晋时期反映了当时江南一带新学风的一位深究“自然之理”的优秀思想家，在哲学史和科学史上都应有一定地位。但因他隐居不仕，正史无传，著作久佚，宋以后即长期湮没无闻。清代辑佚家曾对其久佚的著作有所辑录，但不够精审；近世学者刘汝霖、杜国庠等对其思想贡献开始有所论列，又大都不甚详实。为了全面考察三国、西晋时期的学术思想，无疑应当重视北方士族名士“大畅玄风”所掀起的风靡一时的玄学思潮，探究其产生的基础、发展的逻辑，以及如何与佛教思辨相汇合而发生过巨大影响等；但同时，也应当看到当时江南地区崛起的与玄学思潮相对立的另一种思潮，即直接对抗唯心主义与宗教的联盟而以自然科学为凭依的唯物主义无神论思潮。这后一种思潮，在前已有扬雄、桓谭、王充、张衡等扬其波于汉代；在后复有何承天、范缜、祖冲之等衍其流于南朝；而当这时，这一思潮的典型代表，杨泉适足以当之。就这个意义上说，杨泉的著作由于被诸家征引而得以部分保存，并非历史的偶然。得以保存下来的尽管是断璧残圭，也值得我们珍视。

一

杨泉，字德渊，三国时吴会稽郡人，其生卒年代、生平事迹已无可考。只知道晋太康元年（280）灭吴后，会稽相朱则曾上书向晋武帝推荐说："杨泉清操自然，征聘不移心。"西晋朝廷诏拜他为郎中，他拒不就任。[①]《隋书·经籍志》称之为"晋征士"、"处士"，表明他在东吴和西晋都与士族统治集团不合作，甘心隐居著书，是一个江南在野的庶族知识分子。

杨泉继承和发展了当时荆州和江南一带的新学风，曾仿扬雄著有《太玄经》十四卷，又著有重要哲学著作《物理论》十六卷，另有集二卷，录一卷。这些论著，《隋书》、《旧唐书》的《经籍志》均著录。值得注意的是，从梁庾仲容《子

① 《北堂书钞》卷六十三引《晋录》。

钞》、萧绎《金楼子》、北魏郦道元《水经注》、唐马总《意林》、虞世南《北堂书钞》、徐坚《初学记》、欧阳询《艺文类聚》、司马贞《史记索隐》、陆德明《经典释文》、李善《文选注》、李贤等《后汉书注》、慧琳《一切经音义》等，直到北宋的《太平御览》、《事物纪原》、《埤雅》等书，均曾广为引述，足见杨泉的著作，尤其是《物理论》一书，曾经流传全国，从南北朝、隋、唐直到北宋，一直为学术界所重视，在文化思想战线上发生过特定的影响。

但是，从南宋以后，杨泉的著作全都散佚，官私目录均不再著录。直到清代乾嘉时期，又稍有人注意，对《物理论》一书，先是章逢之曾有辑本，孙星衍又“重加校正，补所不备”，辑成一卷，刻入《平津馆丛书》乙集之三。又马国翰《玉函山房辑佚书》中辑有杨泉《太玄经》十余条。严可均在《全三国文》中也辑得杨泉的赋五篇、文一篇。同时，严可均在从《意林》中校辑《傅子》时，发现了一个问题，即《道藏》本《意林》中所引《傅子》与杨泉《物理论》“多羼越”，他在《傅子》辑本的《按语》中特指出“以各书互证之，知《意林》所载《傅子》，乃杨泉《物理论》也”；“所录《物理论》，仅前四条是《物理论》，其第五条至九十七条乃《傅子》也”。这一问题，在孙星衍所辑《物理论》中也同样存在，原因在于孙星衍所据的武英殿本《意林》也与《道藏》本同，其中《物理论》与《傅子》多相混杂，所以孙辑本的杨泉《物理论》中，多条与《傅子》重复。这原是孙辑《物理论》时所依据《意林》版本不善所造成的混淆，而马瑞辰为孙辑《物理论》所写的《序》中却说：《物理论》“盖博采秦汉诸子之说为之，而引《傅子》为尤多，……其不言《傅子》者亦多出于《傅子》。……杨子是书，正足与《傅子》相表里已”。由于这个原因，有的学者便认为，傅玄和杨泉二人著作“原书既皆佚失，而辑本又多羼越，势难强为分别；只有认二书为一家之学，合称傅玄—杨泉的思想，较为稳妥”。[①]嗣后一些哲学史论著，也常将傅、杨二人合论。由于辑本不够精审而造成的思想资料的混杂，便贸然把傅、杨二人合为“一家之学”，或称为“傅杨学派”，似并不稳妥。因为傅玄和杨泉，虽和魏晋时期许多较清醒的思想家一样，都有某些抨击玄学的言论，但二人的社会政治地位迥异，其著书立论的宗旨以及思想渊源、学术路线，均有所不同。其实，严可均在《铁桥漫录》中有《重订傅子序》，称他见过宋本《意林》，其中的《傅子》和《物理论》并不相混，可以订正武英殿本《意

① 侯外庐等：《中国思想通史》第三卷，340页。

林》的错误。因而，清末叶德辉据所见宋本《意林》，重辑了《傅子》三卷，《傅子订讹》一卷，将武英殿本《意林》误作《傅子》的《物理论》十二条查出，又将武英殿本窜入《物理论》的《傅子》若干条单独辑出。[1]据此，以校正孙星衍所辑《物理论》，即可还唐代马总所选录的《物理论》的原貌。

杨泉的著作，现存状况如此。从他的论著曾被唐、宋各大型类书及诸家注释所广泛引用看来，很可能尚有漏辑的佚文。如以孙辑《物理论》、马辑《太玄经》、严辑文集为基础，重加辑校订补，合编为一本《杨泉集》，将会有助于杨泉思想的研究。仅就清代学者从各种著名类书中辑出的重要言论，已可以看到杨泉思想的基本风貌，可以判定杨泉的《物理论》是一部中世纪优秀的自然哲学著作，它以对天文、历法、地理、物候、农学、医学以及手工工艺等自然知识的广泛探究和认真总结，丰富和推进了当时与清谈玄学相对立的唯物主义思潮。至于杨泉的另一部著作《太玄经》，既是仿扬雄作，当与扬雄思想有继承关系；而稍前的荆州新学中，研究扬雄《太玄经》，似蔚然成风，宋忠、陆绩、王肃等均有《太玄经注》，杨泉与他们是否有直接的思想联系，由于遗存的文字太少，尚难论定。

---

① 叶辑《傅子》所附《傅子订讹》，刊入《观古堂所著书》第二集。

二

杨泉《物理论》的产生，有其客观历史条件；《物理论》所表达的哲学思想，更有其历史形成的深厚的自然科学基础。

汉末黄巾起义之后经过军阀混战而逐步形成的三国鼎立，是全国恢复统一的一个准备阶段；赤壁之战以后，三国都各有一段相对安定的巩固时期。汉末以来被破坏了的社会生产力，这时得到了恢复，并在一些地方有了新的发展，突出的表现为劳动群众对江南地区的大开发。汉末以来，由于北方豪强混战，生产凋残，大批北方人民不断移殖江南。东吴建国以后，为了巩固政权和保证军粮及器械供应，也曾着力于发展农业和手工业生产，一方面招徕或掠回大批境外农业和手工业人口，解决北方南下流民与土地的结合问题，实行大规模的屯田（兵屯和民屯）；另一方面鼓励开垦荒地，改进当时江南地区“火耕水耨”的落后耕种方法，普遍推广了牛犁耦耕和水利灌溉，终于使长江三角洲上，迅速出现了“四野则畛畷无数，膏腴兼倍，……国税再熟之稻，乡供八蚕之绵”[①]的富庶景况。开

① 左思：《吴都赋》。

发地区，从江淮、两湖、江浙地区直至广西、广东、海南岛。同时，冶铸、造船、煮盐、纺织等官营手工业，也有很大的发展。

孙吴以水军立国，江湖航运和海上交通，空前发达。公元230年，孙权遣卫温、诸葛直等率万人舰队“浮海求亶州、夷州”，到达了夷州（台湾）；[①]此后，多次派出使者去南洋各国，如康泰、朱应等曾到扶南、林邑诸国，“所经历及传闻，则有百数十国”。[②]归国后，康泰著《扶南异物志》，朱应著《吴时外国传》，传播许多海外地理知识，大大扩展了人们的眼界。大秦（罗马帝国）商人秦论远渡印度洋，于公元226年来到中国，到达吴都建业，孙权接见询问“方土风物”，秦论“具以事对”，留住七八年才返回罗马。[③]

农业生产和海上航运，最有力地促进了天文学及其他科学技术的发展。这时的东吴地区，成为自然科学繁荣的中心，特别是与观测天文学相联系的天体学说方面，此时更呈现出百家争鸣的局面。

天体学说涉及宇宙的本原、结构以及天体演化和运行规律

---

① 《三国志·吴志·孙权传》。

② 《梁书·南海诸国传总叙》。

③ 《南史·夷貊传》、《梁史·诸夷传》。

等方面，在中世纪，天体学说与世界统一于什么的哲学根本问题紧密地联系在一起。天体学说的每一发展，总与哲学上两种宇宙观的斗争息息相关。

在汉代，关于天体和地球的运行，早有“天旋、地动”的直观猜测。通过历法的研究，更形成了相继出现的关于天体学说的三个体系，即由“盖天说”而“浑天说”，再发展出“宣夜说”。汉代唯物主义思想家司马迁、扬雄、桓谭、王充、张衡等，都具有丰富的天文历法知识，对此问题进行过专门的研究和热烈的讨论。其中，集汉代天文学之大成的张衡，以其“数术穷天地，制作侔造化”[①]的巨大成就，既富有科学实践，又兼能哲学概括，影响特别深远。还有被唐人纳入《黄帝内经素问》的《阴阳大论》七篇，大体出于东汉中期，其中包含的有关天体运行的理论，[②]接近“宣夜说”，而更具有哲学概括的意义，从理论上对后代学者富有启发。到东汉末年，刘洪、蔡邕、郄萌等，或依“浑天说”而创新历（《乾象

---

① 崔瑗：《河间相张平子碑》。

② 如《天元大纪论》云：“太虚寥廓，肇基化元，万物资始，五运终天。布气真灵，总统坤元，九星悬朗，七耀周旋。曰阴曰阳，曰柔曰刚，幽显既位，寒暑弛张。”《五运行大论》云：“上者右行，下者左行，左右周天，余而复会也。”“七曜纬虚，五行丽地。”“地为人之下，太虚之中者也……大气举之也。”见王冰注本《黄帝内经素问》卷十九。

历》），或传师说而阐明“宣夜之理”[①]，都卓然成家。

到了三国时，魏、蜀所用历法，均较落后，惟吴有中书令阚泽、中常侍王蕃等对刘洪《乾象法》的认真研究，保持着最先进的水平，[②]而且集中在东吴地区，对汉以来天体学说的各派理论都有新的发展，并创立了新的学派。

首先，继承荆州新学风的陆绩，既研究扬雄《太玄》，又精通天文历法，在天体理论上坚持“浑天说”，以为“求形验于事情，莫密于浑象”。据说他“所作浑象，形如鸟卵”，不是正圆而是椭圆，对天体运行学说似有所推进。庐江王蕃（228—266）精通历算，继承刘洪的《乾象历》，更“依其法而制浑仪，立论考度”，以实测推算，论证“天体圆如弹丸，地处天之半”，批驳盖天，斥责谶纬。[③]

同时，姚信（吴太常，约三世纪中）也创立一种“昕（轩）天论”，认为“天北高南下，若车之轩”，基本上仍旧利用“盖天”原理来解释冬夏寒暑与昼夜长短，比较粗疏；又试图调和浑、盖二法，认为“天行：寒依于浑，夏依于

---

① 《晋书·天文志上》。

② 《晋书·律历志中》。

③ 严可均辑《全三国文》卷六十八，陆绩：《浑天仪说》；卷七十二，王蕃：《浑天象说》。

盖”。[1]

其次，会稽虞耸（吴廷尉，约三世纪中）创立“穹天论”，认为“天形穹窿，如鸡子幕；其际，周接四海之表，浮于元气之上。譬如覆奁以抑水，而不没者，气充其中故也。日绕辰极，没西而还东，不出入地中”。[2]这显然吸取了王充以来的元气学说，虽依“盖天”立说而在理论上有所发展。

稍后于杨泉的虞喜（约四世纪初）推翻其族祖虞耸的“穹天论”，因“宣夜之说”更立“安天论”，以难浑、盖二说，认为“天高，穷于无穷；地深，测于不测。天确乎在上，有常安之形；地魄焉在下，有居静之体。当相覆冒，方则俱方，圆则俱圆，无方圆不同之义也。其光耀布列，各自运行，犹江海之有潮汐，万品之有行藏也”。[3]天高无穷，明确肯定宇宙空间的无限性；又指出日、月、五星等天体的运行，各自有其规律。这对郄萌所传的“宣夜之说”，又有所发展。

正当北方士族名士手持麈尾，从事清谈，“得意忘象”，“振起玄风”的时候，面向自然天象的科学思潮却在江南地区由于生产的推动而蓬勃兴起。劳动群众的生产实践所孕

---

① 《晋书·天文志上》、《宋书·天文志一》。

② 《晋书·天文志上》。

③ 《晋书·天文志上》。

育出的这些自然科学新成果，乃是杨泉《物理论》得以产生的客观基础。

三

杨泉及其《物理论》在哲学上的贡献，根据现存的思想资料，纳入当时的时代思潮，似乎可以概括为以下几个方面来给以评论。

第一，《物理论》综合了“浑天”、“宣夜”两派天体学说的积极成果，推进了唯物主义气一元论的宇宙观。

战国时的惠施，似已有地圆的猜测。直到张衡制成水运浑仪，使“浑天说”得到观测天体运动的实验证明，因而具有极大的权威。“浑天说”主地圆，但认为天有体，即设想了一个天球。如张衡所说：“天体圆如弹丸，地如鸡［子］中黄，孤居于内”；“天之包地，犹壳之裹黄。”[①]即有天球的设想，于是出现对天球大小的推测，有的说天球直径为“三十八万七千里”，有的说“天地相去六十七万八千五百

① 张衡：《浑天仪图注》、《灵宪》，洪颐煊辑《经典集林》卷二十七。

里”。[1]承认天有体而导致的宇宙有限论观点，会给“有生于无”的唯心主义和造物主的信仰留下地盘。张衡似乎意识到了这个问题，他一方面宣称“八极之维，径二亿三万二千三百里”；另一方面又说“过此以往，未之或知也，未之或知者，宇宙之谓也。宇之大无极，宙之端无穷”，[2]这在理论上不免自陷于矛盾。

“宣夜说”试图摆脱这个矛盾，按郄萌所传师说：“天了无质，仰而瞻之，高远无极，眼瞀精绝，故苍苍然也。……日月众星自然浮生虚空之中，其行其止，皆须气焉。”[3]出现在这一时期的《列子》一书，借“杞人忧天坠”的故事，提出了一种更明确的观点，否认了天有体，而认为“天，积气尔；亡处亡气”，“日月星辰亦积气中之有光耀者”。[4]天体不仅浮游气中，而且本身也是“积气”而成的发光的气团。稍后，虞喜所立“安天论”，逻辑地得出“天高穷于无穷”的结论，否定天有形质，在当时是重大的思想突破。

杨泉的贡献，在于从理论上综合了“宣夜说”的积极成

① 《尔雅·释天》、《河洛纬·甄耀度》。

② 张衡：《浑天仪图注》、《灵宪》，洪颐煊辑《经典集林》卷二十七。

③ 《晋书·天文志上》。

④ 《列子·天瑞》。

果，坚持气一元论的思路，作出了“地有形而天无体”的明确论断。他指出：

“夫天，元气也。”“元气皓［浩］大，则称皓天。皓天，元气也，皓然而已，无他物焉。”

“所以立天地者水也，成天地者气也。水土之气，升而为天。夫地有形而天无体，譬如灰焉，烟在上，灰在下也。”①

“地有形而天无体”，宇宙空间充满元气，别无他物，这是对“宣夜之理”的哲学概括。灰、烟之喻，颇粗拙，但区别了固体与气体两种不同的物质形态，进而用阴阳二气的不同性状和相互作用来说明各种天象的形成及其原因：

“天者，旋地，均［钧］也。积阳为刚，其体回旋。”

“日者，太阳之精也。”“太阳则能照，太阴则无光。”“月与星，至阴也。有形无光，日照之乃光。”“月，水之精，潮有太小，月有亏盈。”

---

① 杨泉《物理论》，据孙星衍辑本，校以各书所引。下引《物理论》文均同，不再一一注出。

“星者，元气之英也。”“气发而升，精华上浮，宛转随流，名之日天何，一曰云汉，众星出焉。”

阳气凝而为日，阴气凝而为月，众星出自银河，而银河是水土之气蒸腾上去的精华所形成的。这些解释很简朴，大都是综合了当时的自然知识，而杨泉的历史贡献，主要在于用“气”或“元气”来说明杂多的自然现象有其统一的物质根基。

《物理论》残篇中有一些关于“水”的作用的论述，如“夫水，地之本也。吐元气，发日月，经星辰，皆由水兴”，“地发黄泉，周伏回转，以生万物。地者，天之根本也”。这是把地中之水看做是蒸吐元气的具体来源，判断是幼稚的，但不能据此判定杨泉是“水一元论”者。他主要吸取了当时流行的关于天地“乘气载水”的思想，如张衡曾认为：“天表里有水，天地各乘气而立，载水而浮。”[①]汉晋间流行的一部《黄帝书》也有类似的说法：“天在地外，水在天外，表里皆水；两仪运转，乘气而浮，载水而行。”至于水和气的关系，谁更根本？《黄帝书》回答说：“地乘气而

① 张衡：《浑天仪图注》。

载水，气无涯，水亦无涯。水，亦气也。”[1]这说明“水”也是“气”所凝成，因而能蒸吐出“气”，“水”能转化为“气”。按杨泉的实地观察：“余昔在会稽，仰看南山，见云如瀑练，方数丈，其声如硠磕，须臾山下居民惊骇，洪水大至。”似乎天上的云气也能直接转化为地上的洪水。局限于当时自然科学的水平，杨泉关于地水和天水、气和水的关系的解释是臆测性的，但他认真吸取自然科学知识，重视面向自然的直接观察，在哲学路线上坚持了朴素唯物主义。

杨泉在面向自然的广泛研究的基础上，还进一步概括出了“气积自然”，“盖气，自然之体也”（《物理论》），“惟阴阳之产物，气陶化而播流，物受气而含生，皆缠绵而自周”（《蚕赋》）[2]等命题。把自然界中的一切看做都是“阴阳”二气“陶化”所生，都是“积气”而成，都是以“气”为体。他贯彻这一观点，解释各种现象：

> “风者，阴阳乱气激发而起者也。……方土异气，疾徐不同，和平则顺，违逆则凶，非有使之者也，气积自然。

① 王应麟：《困学纪闻》卷九，又翁元圻注引魏鹤山《师友雅言》。

② 杨泉之《赋》，见严可均辑《全三国文》卷七十五，下引其他《赋》文，均同。

怒则飞沙扬砾，发屋拔树，喜则不动技摇草，顺物布气，天［下］（疑当作地）之性，自然之理也。”

“激气成风，涌气成雨。”①

“积风成雷”，“热气散而为电”。

“游浊为土”，“土精为石”，“石，气之核也”。

“土气和合，庶类自生。”

“人，含气而生，精尽而死。”

这些具体论断，并不科学，但试图说明一切自然物都以“气”为体，这与玄学家们“天地万物皆以无为本”的世界观，显然是对立的。又把“气”的播流、积散、运动、变化，都看做是遵循着一定的“自然之理”，没有任何超自然的神力在支配，“非有使之者也”，继续王充的思路，捍卫了与自然科学相结合的唯物主义无神论路线。

第二，《物理论》概括了农业、手工业及其他科技、生产知识，丰富了朴素辩证法的“天人关系”学说。

天人关系问题是前期封建社会哲学斗争的一个焦点。服务于封建特权统治的神权理论，无论是汉代神学所总括的“三纲

① 这两句为《意林》引杨泉《太玄经》文。

可求于天”，魏晋玄学所鼓吹的“名教本之自然”，及稍后佛教所宣扬的“贵贱决于因果”，其思想本质都是把自然压迫力量和社会压迫力量加以神秘化，要人们屈从于异己力量的支配，无所作为。汉代集唯物主义大成的王充，坚决否定神权，驳斥“天人感应”，强调“天道自然无为”，但在自然规律的决定性和人的能动作用的关系问题上，由于时代条件的束缚，陷于形而上学的割裂理解，乃至由自然决定论而滑到自然命定论。

杨泉处在另一时代条件，从东汉后期到孙吴立国这一时期，江南地区的大开发和农业生产的跃进，促进了当时农业科学的大发展。如东汉杨孚的《异物志》，已记载交趾传入的双季稻，“农者一岁再种”；西晋初郭义恭的《广志》中，提到了南方有许多新稻种及“苕草”等绿肥作物；嵇含的《南方草木状》更是专门介绍南方物产的代表作。这一时期，江南地区修复和修建了许多水利灌溉工程。杨泉家乡的会稽郡，就有著名的镜湖工程。《物理论》残篇中保留了较多的农业科学知识的总结，完全不是偶然的。例如：

关于耕种和收获的规律：“稼（耕种），农之本；穑（收获），农之末。农，本轻而末重，前缓而后急。稼欲少，穑欲多；耨欲缓，收欲急。”善于处理好耕作过程中的这些矛盾关系，就是“良农之务”。

关于土壤形态的分类：“夫土地皆有形名，而人莫察焉。有龟龙体，有麟凤貌，有弓弩势，有斗石象，有张舒形，有塞闭容。有隐真（稳镇）之安，有累卵之危，有膏英之利，有埆䧐之害，此四形者，气势之始终，阴阳之所极也。”就土壤性质说：“地，形有高下，气有刚柔，物有巨细，味有甘苦。”再就夏秋地气的变化说：“炎气郁蒸，地之张也；秋风荡生，地之闭也。”这一土壤形名（地貌学）及土壤变化法则的探究，显然是农业生产先进经验的总结。

关于土、种之间的关系：“凡种有强弱，土有高［刚］柔。土宜种强，高茎而疏粟，长穗而大粒。”深入农业生产实际，才能总结出这样的农业辩证法。

至于湖泽灌溉工程的作用，他更写了一篇《五湖赋》来大加赞扬：“濬矣大哉，于此五湖，乃天地之玄源，阴阳之所徂。……受三方之灌溉，为百川之巨都，居扬州之大泽，苞吴越之具区。底功定绩，盖寓令图……右有平原广泽，曼衍旁薄，原隰陂坂，各有条格……”

这些记述，反映了当时劳动人民开发江南、改造自然的巨大成就。正是在特定条件下的群众实践的基础上，杨泉通过对生产实际的观察，认为掌握了自然规律，“事物之宜，法天之常，既合利用，得道之方”（《织机赋》），就可以发挥人的作用，利用和改造自然，夺取丰收。这比王充的“岁之饥穰”，“皆在时命”的自然命定论，在哲学思维的历史进程上往前跃进了一步。广大群众的生产斗争，是推动哲学发展的一个重要动力。

正是同样的历史动力，推动了杨泉把目光转向先进的织机制造、造船、冶炼等手工工艺，而得出结论说：“夫蜘蛛之罗网，蜂之作巢，其巧亦妙矣，而况于人乎！故工匠之方圆规矩出乎心，巧成乎手。非睿敏精密，孰能著勋形、成器用哉？”“夫工匠经涉河海，为舸艡以浮大渊，皆成乎手，出乎圣意。”（《物理论》）“伊百工之为技，莫机巧之最长，似人君之列位，像百官之设张，立匡廓之制度，如城隔之员方，应万机以布错，实变态之有章。……规矩尽法，因事作容，好无不媚，事无不供。”（《织机赋》）如此赞扬工匠，在古代思想家中实不多见。把工匠的“方圆规矩出乎心”的科学智慧，视为“圣意”；把工匠们的巧手，看做能够创造一切。同时，杨泉还总结了当时医学的成就（正当华元化、张仲景等把我国医药科学推向一个新阶段的时刻），认为真正的良医，能够“处虚实之分，定逆顺之节，原疾疹之轻重，而量药剂之多少，贯微达幽，不失细微”；提出了遵循生理、病理的规律，“凡病可治”的观点。

这一切，表明杨泉在探讨自然规律和人的能动作用的关系问题上，没有因为否定神学目的论而陷入自然定命论，相反地，在肯定“自然之理”的客观性的同时，充分注意到了人们利用和改造自然的活动所具有的自觉能动性。可贵的是，他特别注意到“良农之务”、“工匠之巧”，能够睿敏创造，卓著功勋。杨泉基于科技和生产知识所发挥的人能胜天的思想，丰富了朴素唯物辩证法的“天人关系”学说，与玄学家们所鼓吹的“无为无造”、“顺命而终”的宿命思想显然是直接对立的。

第三，杨泉思想的批判性。

杨泉与王充，具有大体相似的社会地位、阶级性格和思想倾向，他们在学术路线上确也有承继关系。但由于所处时代条件不同，王充生活在东汉中叶相对稳定时期，面对着白虎观会议前后嚣张一时的神学思潮，举起“疾虚妄”的旗帜，对汉代儒学与谶纬的合流，对维护特权统治的神权理论，展开了较系统的批判。杨泉生活在汉末战乱之后的江南经济复苏阶段，更多地面向当时兴起的科学思潮，他选择了坚持唯物主义思想与总结自然科学成果相结合的学术路线，必然地对当时北方兴起的玄学思潮及正与之合流的佛教神学，抱着抵制和反对的态度。

现存《物理论》残篇中，保存有少量有关政论的词句，如反对豪门士族专政而主张“审官择人”，认为“人主以政御人，政宽则奸易禁，政急则奸难绝”，听任豪强军阀宰割一方，则是“武士宰物，犹使狼牧羊，鹰养雏也”，透露了一些下层庶族地主的改革愿望。《后汉书·五行志》刘昭注引《物理论》，更有一条，记述了“黄巾被服纯黄，不将尺兵，肩长衣，翔行舒步，所至郡县无不从”。这样描述黄巾起义军，是颇为奇特的。但杨泉思想的批判性，主要不表现在这些方面，而表现在他继续坚持桓谭、王充以来神灭论思想传统，启迪着以后何承天、范缜等的反佛教的理论斗争。徐坚《初学记》保存下《物理论》的一个重要论点：

> “人，含气而生，精尽而死。死，犹澌也，灭也。譬如火焉，薪尽而火灭，则无光矣。故火灭之余，无遗炎矣；人死之后，无遗魂矣。”

火灭无遗炎，人死无遗魂，坚持了唯物主义无神论的形神观和生死观；对正与玄学合流的佛教神不灭论，是明确的否定。《全三国文》中保留下的杨泉唯一的一篇短文《请辞》，也明确地揭露了当时"酋豪大姓"大搞厚葬与墓祭的奢靡与荒诞，指出："夫死者骨肉归乎土，神而有灵，岂肯守乎败坏而在草莽哉！"

至于北方士族名士所煽起的清谈玄风，杨泉在《物理论》中给予了尖锐的批判。他揭露当时"望风"、"承声"的选举所形成的浮华风气，实际是"士非玉璧，谈者为价"，全靠"谈者之口"、"爱憎之心"来品题、褒贬人物，发现不了真正的人才，倒培养了一批"冠尧之冠，行桀之行"、"雄声而雌视"的"虚伪人"。至于玄学家们对儒、道异同的争论，不过是"见虎一毛，不见其斑"。玄学家们的放言高论，乃是"解小而引大，了浅而伸深"的故弄玄虚；虽然"饰以华辞，文以美言"，实际上是"论事比类，不得其体"，也就是一种脱离实际、违反逻辑的比附和空谈。他以一种理论上的自信，对喧嚣一时的玄学思潮，作出了颇为藐视的总评断：

"夫虚无之谈，尚其华藻，无异春蛙秋蝉，聒耳而已。"[1]

---

① 王应麟：《困学纪闻》卷十八引此，无"尚其华藻"四字，谓黄山谷《演雅》诗中"春蛙夏蝉更嘈杂"句本于此。陆佃《埤雅》二引此，有"尚其华藻"四字，又"无异"作"此犹"。

有了上述杨泉对良农、工匠等群众生产经验的重视和对多方面的科学成果的总结，他对玄学的这一总评断，就不是无根之谈，也不像乐广、裴頠等人仅是“矫虚诞之弊”的纠偏之论，而具有哲学路线派斗争的含义。

杨泉的系统论著，全都散佚，保留下的仅系断简零篇，因而对其在哲学史上的贡献，只能窥其大要，颇难详论。但诸书所引，或正是他的具有代表性而引人注目的一些重要言论。就以上略加析论，多少可以说明，杨泉思想是三国、西晋时期与玄学思潮相比较而存在的另一种思潮的一个优秀代表，是当时哲学上两条路线相斗争而发展中的一个环节，甚至是一个重要环节。

1965年2月初稿　1979年11月改定

石头希迁禅风浅绎

——1996年8月长沙纪念石头禅及曹洞宗学术研讨会上的发言

两年前，在黄梅，举行过一次纪念弘忍开创“东山法门”的学术会。今天，在长沙，又有幸参加这次纪念石头禅与曹洞宗的学术盛会。因缘殊胜，慧命无涯。上午开幕式上，几位大德的发言，曦曦小居士一字不差地背诵《参同契》，令人心生法喜，忽得一偈：

> 曦曦朗诵《参同契》，颗颗摩尼落玉盘。
> 寄语草庵休怅望，童心最契石头禅。

石头禅注重即事显理、触目会道，旨在日常生活的动静云为中去契会禅机，故灵源皎洁的童心，最易于契入。这正是石头禅的生机所在。

在会中，缅怀石头大师的德业光辉与学思成就，我曾口占颂诗一律：

性海乘龟梦太奇，灵源一脉漫湘嶷。
石头路滑参同契，曹洞丁宁善接机。
玄化通观涵渐顿，神游鸟道贯中西。
殊途百虑劳回互，昂首征程有所思。

据《五灯会元》记：师［希迁］因看《肇论》有悟，“不觉寝梦，自身与六祖同乘一龟，游泳深池之内。觉而详之：‘灵龟者，智也；池者，性海也。吾与祖师同乘灵智游性海矣！’遂著《参同契》”。与六祖同乘灵龟，遨游性海，这一梦兆，意境恢奇，似可理解为希迁这一禅门龙象在开创新禅风时留下的“梦太奇”（谐音Montage）。至于石头禅及曹洞宗的圆融思想与回互学风，大有助于当今以多元开放的心态作面向未来的文化思考。

石头希迁（700—790），出生于广东肇庆高要县陈氏家，幼而奇慧，童年依慧能出家，六祖寂后，曾“上下罗浮，往来三峡间”，四出参学，德业精进，后至吉州青原山拜见行思，始得心印。遂于天宝初入南岳，结草庵于石头上观心，弘法度人，被尊称为“石头和尚”。当时，南禅蓬勃发展，马祖道一在江西，石头希迁在湖南，蔚为两大学脉，被称为禅门“二大士”、“二甘露门”。从这两大学脉，开出以后五家七宗，弘传至今，播及全球。石头希迁以其学思方面的卓越成就，以其精心撰写的《参同契》、《草庵歌》等广被传诵，在禅学史上据有崇高地位;他所首倡的圆融理事的禅教合一学风，实为以后曹洞、云门、法眼三宗奠定了思想理论基础。石头禅以其特有的理趣和学风，不仅对中国佛门禅学的发展，而且对整个中国哲学文化的发展都产生了极为深远的影响。

石头禅风的一个重要特色，是重视理论思辨，注意引教入禅。中国化的佛教来自印度，而与印度佛教的致思和价值取向又有所不同。据吕澂先生总结性的论析，认定印度佛教本主张“心性本寂”，而佛教中国化过程中因种种原因转而倾向于“心性本觉”；印度佛教依“性寂”说而把修行的目的归结为“入涅槃”，而中国化佛教却依“性觉”义而把最后的终极目标指向“证菩提”。

石头希迁始终循着中国化佛教的致思途径去推进禅学的发展。他从理论上契入佛慧，首先是从中国化佛教哲学精品《肇论》得到启发。据禅史记载：“师［希迁］因读《肇论》至‘会万物为己者，其惟圣人乎’，师乃抚几曰：‘圣人无己，靡所不己。法身无相，谁云自他。圆鉴虚照于其间，万象体玄而自现。境智非一，孰云去来。'"僧肇在《涅槃无名论》中虽广引佛经，而实际上是以老庄玄学来"格义"大乘佛理，把"涅槃"理解为一种"物我玄会，归乎无极"的"妙悟"境界，故强调"涅槃之道，存乎妙契"。"玄道在于妙悟，妙悟在于即真，即真则有无齐观，齐观则彼己莫二。所以天地与我同根，万物与我一体。""至人戢玄机于未兆，藏冥运于即化，总六合以镜心，一去来以成体。古今通，始终同，究本极末，莫之与二，浩然大均，乃曰涅槃。"希迁所谓"法身无相，谁云自他"，"境智非一，孰云去来"，说明他继踵僧肇，会通玄佛，自觉走上把佛学玄学化的道路。沿此思路，更进一步吸纳了牛头宗来自三论的般若中观思想与华严宗"理事圆融无碍"等观点，并着力发挥中国化佛教另一哲学精品《大乘起信论》的"一心二门"理论框架及"本觉"、"不觉"、"不变"、"随缘"诸义，因而突出地强调了"唯达佛之知见"，与早期禅学偏重"静坐"、"守心"、"由定入慧"不同，而较重视哲学思辨，不排斥语言、文字、符号及其逻辑运用等，这就更符合中国化佛教的致思取向。他明白宣称：

> 吾之法门，先佛传授，不论禅定精进，唯达佛之知见，即心即佛。心、佛、众生，菩提、烦恼，名异体一。汝等当知，自己心灵，体离断、常，性非垢、净，湛然圆满，凡、圣齐同。

这是石头禅的理论纲领，并在弘法中一再强调："汝等当知"，"汝能知之"。知、知见、知识，一切符号系统，都是进入禅学智慧、禅悟境界的门径与阶梯。"千种言，万般解，只要教君长不昧"（《草庵歌》），全都是不可缺少的。不离世间法，不脱离现实生活的可名言之域，逐步引导学禅者进入超越名言的非名言之域的禅境。这很符合中国人的思维定势。石头禅风的朴实、平稳、简易、绵密，使普通人乐于接近，易于理解，感到亲切。这是石头禅的重要特色。

由于石头禅强调"唯达佛之知见"，重视理性思维，坚持禅宗既"不立文字"，又"不离文字"的传统，善于把遮诠和表诠巧妙地结合起来。举一常见的公案为例：

> 道悟问："如何是佛法大意？"
>
> 师（石头希迁）曰："不得，不知。"
>
> 问："向上更有转处也无？"
>
> 师曰："长空不碍白云飞。"

道悟于言下顿悟。

“不得，不知”，是遮诠，表明佛法真理不可说；道悟再问，又答以“长空不碍白云飞”，这是表诠，表明佛法真理可以说，可以用这样诗化的语言来表达，并使学者得到某种特殊的启发而“于言下顿悟”。许多禅宗语录公案，都属此类。说佛法真理（或“第一义”）“不可说”，这本身是自语相违的“悖论”。因为对于不可说的东西，却已作了“不可说”这种说明。为摆脱这种逻辑矛盾，禅宗主张“绕路”说禅、“因指见月”或“烘云托月”说禅，即认为不可说的东西并非不可说，问题在于如何说。石头禅及以后曹洞宗对此作了多方面的探索，注意到如何把逻辑思维、直觉思维与形象思维巧妙结合起来，试图解决“不可说的东西究竟能不能说”或“如何说”的问题。如所谓“五位君臣”的表显法，即试图总结出“绕路”说禅应“如何说”的五种方式，即“正中偏”、“偏中正”、“正中来”、“偏中至”、“兼中到”等，虽各有不同的诠释，但本质上是在探索“有语”与“无语”、“可说”与“不可说”的关系问题。扩而大之，引而申之，也就是知识与智慧的关系问题。佛家讲“转识成智”，具体化为“八识”分别转化成“四智”，唯识宗讲得非常琐细、复杂。现代东西方一些哲学家也讲到“认知”和“体知”的关系，认知，是以主、客体的分离为前提，靠主体的感性、理性活动去反映、认识客观事物；而体知，则靠主、客体的合一，泯去了主、客观的界限，“浑然与物同体”所得到的体悟。认知和体知是什么关系？康德花了一生的功夫，写出了三大批判，把理论理性、实践理性与审美直观三者的功能和作用范围，加以严格区分，于是，形而上学如何可能，不可说的东西如何能说，成为哲学上长期悬而未决的大问题。如果再扩而大之，近代以来人类哲学发展的大势，大体可以分为两条路线：科学主义与人文主义、实证主义与非理性主义，长期对立，得不到会通。从石头禅学中，就其力求处理遮诠与表诠的关系、无语与有语的关系、知识与智慧的关系，似乎可以体会到，他所提倡的“理事圆融”、“本末归宗”、“触目会道”、“圣凡不二”等，实指一切认识过程中的矛盾，都是可以会通，可以兼容的，即可以互相涵摄，可以互相渗透的，即他在《参同契》中所说：“门门一切境，回互不回互”，“明暗各相对，比如前后步”，“承言须会宗，勿自立规矩”。所谓“石头路滑”，可以理解为指这种“参而同契”的辩证思维的灵动性。石头禅学影响下的曹洞宗风，所谓“权立五位”、“正偏”、“明暗”等的辩证联结，正可以理解为灵动地试图解决“有语”与“无语”、“知识”与“智慧”、“认知”与“体知”的关系问题。虽仅是探索，但实际上已开拓了一个哲学致思的思路，对我们当前如何走出人类哲学的困境，不能说没有一定的启发。

基于上述哲学思路，石头禅及曹洞宗特别重视语言文字的哲学运用与表显功能。禅语言，有其特殊的结构与风格。石头希迁可以说是禅语言学的奠基者。石头禅风，不仅与早期“不立文字”、“离言语道”的默坐禅风具有极大差异；同时也与洪州宗的以“势”启导，创“势”以表义，也有明显的区别。《参同契》“明暗相对”、“承言会宗”的语言启导艺术，既“不立文字”，又“不离文字”，在禅学史上，与慧能的“三十六对”等，具有同等的影响和意义，对后世传灯语录体的发展起了重要启导作用。石头禅风善于运用语言，充分利用中国语言文字的多义性、暗示性、灵活性、模糊性，以及中国传统诗美学中的“赋、比、兴”等，形成了一套生意盎然的、活泼泼的禅语言。一些哲学化了的诗句或诗化了的哲学语言，被广泛地生动地运用于应机接化，石头希迁以“长空不碍白云飞”启发道悟，药山惟俨以“云在青天水在瓶”启发李翱，都达到“言下”（禅语言艺术的启导之下）有所开悟的效果，足见不可说的东西是可以说的，问题是如何说，如何运用禅语言的特殊功能。后期禅学的诗化，似表明禅境与诗心一脉相通，这只是禅语言艺术的一端；至于禅语言中还有各种机锋、反诘、突急、截断、擒纵等，各有其特定的认识功能。可见，禅语言学是一个很值得研究的课题。

最后，石头禅风的“回互”方法与“参而同契”的观点，也就是融会贯通的观点。这个观点，就当时的针对性说，是针对禅门内部有南北对立，南顿北渐，势同水火；就南禅内部来说，还有洪洲禅与荷泽禅的龃龉。石头禅建立起来，独树一帜，就旨在把禅门各派，力图会通起来。所以说：“人根有利钝，道无南北祖”，无论北渐南顿，都各有长短，不应当分裂互斥，而应当和合互补，才不致“自立规矩”，“迷隔山河”。这样一个思路，求同存异，观其会通，可以说是石头禅的一个重要特点，这也是我们中国传统思想中的精华。《易传》说：“乾道变化，各正性命，保合太和，乃利贞。”又说“憧憧往来，朋从尔思”；“天下何思何虑？天下同归而殊途，一致而百虑”。这里，表达了一种超迈的文化心态。《中庸》讲得更好：“万物并育而不相害，道并行而不相悖，小德川流，大德敦化，此天地之所以为大也。”这么一种思想史观，在我国传统思想文化中，有司马谈论《六家要旨》，各有所长，各有所短。荀子《非十二子》、庄子《天下》篇，都是这么一个思路，一直到柳宗元，圭峰宗密。柳宗元所谓“诸子合观”，各有贡献；宗密《华严原人论》的判教理论，最后“会通本末”，认为历史上各家的理论，都是真理的颗粒，真理发展的一个阶梯，真理认识的一个组成部分。在石头希迁的禅学中，他也这样说：“人根有利钝，道无南北祖”，“万物各有功，当言用及处”。因此，对于当时的顿、渐，以及禅、教之争，佛、道之争，儒、佛之争，等等，他都主张回互一切，加以会通。黑格尔—马克思的真理史观，也是以这样一种通观历史的文化心态，来看待人类认识史上真理发展的辩证法，也主张只有吞吐百家，才能求得自身的发展。就这个意义说，石头禅对我们也有很重要的启发，启发我们无论研究历史文化或面对当代学术思潮，都应当坚持多元开放的文化心态，在人类文明多维发展的大道上去会通中西、融贯古今，发展真理。

1996年8月

浙江水心纪念馆题辞

永嘉学脉固分明，经世公言继薛、陈。
鼎足朱、陆谢余子，敢标功利斥虚声。

水心之学集永嘉学脉之大成，其所继承之先驱为薛季宣、陈傅良。《温州新修学记》中引留茂潜语谓：“永嘉之学，必弥纶以通其变者，薛经其始而陈纬其终也。”又如全祖望在《宋元学案》中所评断，南宋“学术之会，总为朱、陆二派，而水心断断其间，遂称鼎足”。

政余习学贯人天，颠倒交成矢的间。
道不离物成于两，中华慧命续千年。

水心一生从政，晚年罢官归隐，始写成《习学记言序目》

一书，其突出贡献是在认识论上提出“内外交相成”而又强调了“弓矢从的而非的从弓矢”的观点；在天道观上更明确提出了“道成于两”、“道不离物”诸命题，成为我国素朴唯物辩证法的思想传统的光辉一环。

积贫积弱深忧患，扼腕谈兵筑堡坞。
同甫、放翁齐洒泪，悲歌何处唤於菟。

水心一生忧国忧民，指画兵食，曾为江防筹筑堡坞，见《宋史》本传及文集卷一《定山瓜步石跋三堡坞状》。

求实夸虚道不同，慎思明辨复宽容。
那堪邪佞诬元晦，拍案疏成耿介风。

水心学术求实恶虚，与朱陆皆不同道，且能博学慎思以考辨之。但当林栗之流诬告朱熹，谤及道学，乃拍案而起痛斥林栗等“谗口横生”、“残害忠良”。文集卷一有《辩兵部郎官朱元晦状》，为朱熹辩冤，义正辞严，足见高风。

1989年

傅山三百周年祭

甲子初秋，山西省学术界举行学术讨论会于太原，以纪念傅山先生逝世三百周年。谨缀心花数瓣，略抒景慕之忱。至于考其宗旨，辨其学脉，察其醇疵，论定其在明清学术史上的客观地位，积学求真，期诸来日。

1984年8月记于东湖之滨

（一）

白发朱衣两袖风，萧然物外脱牢笼。坎坷道路惊回首，愧向山翁说启蒙。

傅山（1607—1684），字青主，自号朱衣道人。十七世纪中国北方崛起的早期启蒙思想家。中国反对封建蒙昧的启蒙运动，在傅山死后三百年，经历了坎坷曲折的道路，至今尚在马克思主义的指引下摧枯拉朽，破旧立新，继续向封建蒙昧作斗争。缅怀前躯，思之慨然。顾炎武在《广师篇》中赞许傅山："萧然物外，自得天机。"傅山一生"不登宦人之堂"，而顺治十一年以参加抗清活动，入狱受刑，几死；康熙十七年又被强征入朝，峻拒，亦几死，终以"黄冠自放"得脱。但亭林此赞语，亦可作挣脱封建牢笼解。

（二）

抗疏揭帖斥权奄，燕市悲歌一少年。自啖黄精耿侠骨，敢呼雷电破霾天。

傅山青年时，喜任侠，啖黄精，为山西提学袁继咸被权奄诬陷事约集通省诸生赴京上书，揭帖请愿，袁案终得雪。其后论诗文，常以"风云雷电，林薄晦冥，惊骇胸臆"（孙郅所藏手稿）等喻诗文中的奇气。

（三）

土穴难埋剑气横，黄冠自隐岂沉沦。“仰天画地”谁能会，遥听夔东战鼓声。

全祖望《阳曲傅先生事略》云：“甲申，梦天帝赐之黄冠，乃衣朱衣，居土穴以养母……甲午以连染遭刑戮，抗词不屈，绝粒九日，几死，门人有以奇计救之者得免。然先生深自咤恨，以为不如速死之为愈，而其仰视天、俯画地者，并未尝一日止。”此事，赵俪生先生据邓之诚《骨董琐记》有所考订。盖有宋谦者，系永历总兵，又受夔东十三家郝摇旗、刘体纯所给“副札”，曾到太原两访傅山，密谋起兵事泄，故傅山被下狱。（见《寄陇居论文集》中《清初明遗民奔走活动事迹考略》一文）近又有何高民同志在《晋阳学刊》所发表《关于朱衣道人案的题本》一文，考订更详。

（四）

莽莽榆园鼓角悲，山东崛起好男儿。润山不负蕺山教，此日闻风拜义旗。

明末山东榆园义军起子曹、濮二州，曾用“闯王”旗号，甲申后坚持反清斗争。濮阳叶廷秀，字润山，又字润苍，刘宗周学生，参加了榆园军。傅山有《风闻叶润苍先生举义》一诗甚壮：“铁脊铜肝杖不糜，山东留得好男儿。橐装倡散天祯俸，鼓角高鸣日月悲。咳唾千夫来虎豹，风云万里泣熊罴。山中不诵无衣赋，遥伏黄冠拜义旗。”（《霜红龛集》卷十）

（五）

劫余痛定思悠悠，萧瑟松庄四望愁。云暗神州缘底事？“囫囵理学”尽“沟犹”。

傅山隐居处，在太原城东七八里之松庄。（见《遂初堂集》）他自称“值今变乱，购书无复力量，间遇之，涉猎之耳，兼以忧抑仓皇，蒿目世变，强颜俯首……或劝我著述，著述须一副坚贞雄迈心力，始克纵横。我、庾开府萧瑟极矣”。（《霜红龛集》卷二十五）

傅山于甲申后总结明末政治腐朽、学风衰败的原因，集中在“囫囵理学”之流毒。“奴儒尊其奴师之说，闭之不能拓，结之不能觹……沟犹瞀儒者，所谓在沟渠中而犹犹然自以为大，盖瞎而儒也。”（同上卷三十一）“沟犹，如本音读，则谓如沟渎之中而讲谋猷，是瞀儒之大概也。”（《荀子评注》）

（六）

失心缠理堕迷途，故纸堆中养蠹鱼。朱陆异同如说梦，声容可笑是“奴儒”。

傅山论学，痛斥：“失心之士，毫无餐采，致使如来本迹大明中天而不见，诸子著述云雷鼓震而不闻，盖其迷也久矣。”（《霜红龛集》卷十六）“宋儒好缠理字，理本有义，好字而出自儒者之口，只觉其声容俱可笑也。”（孙藏手稿）“后世之奴儒，生而拥皋比以自尊，死而图从祀以盗名，其所谓闻见，毫无闻见也，安有所谓觉也？”（同上卷三十一）“只在注脚中讨分晓，此之谓钻故纸，此之谓蠹鱼。”（同上卷三十八）傅山对李颙兄弟谈论王学正统颇为不满，说：“我闻之俱不解，不知说甚。正由我不曾讲学、辨朱陆买卖，是以闻此等说如梦。”（同上卷四十）但其思想路数，实有取于阳明，故多斥程朱之流道学家们为“失心之士”，“好缠理字”，“一味板拗”。

（七）

庸庸奴性最堪哀，安得“神医”扫荡哉。老去折肱蓄真气，长歌当哭唤奇才。

傅山思想最能反映时代脉搏者，为反奴性、反奴气、反奴俗、反奴才，诗有“天地有腹疾，奴物在其中，神医须武圣，扫荡奏奇功”（《霜红龛集》卷九）。大声疾呼，要把“奴俗龌龊意见，不知不觉打扫干净”（孙藏手稿）。亭林赠诗：“老去肱频折，愁深口自缄。”而他的和诗云：“天涯之子对，真气不吾缄。”又阎尔梅赠诗：“茫茫四海似无声，且把长歌代痛哭。”傅山读诗、作诗，常“泪如雨下”，其《寄艾上人》诗序云：“杂诗约四五十首，面时尽呈，共当痛哭耳。”（同上卷二十三。）

（八）

闲瞄慧眼注荀卿，揭露埤庸理学群。敢道兰陵兼墨法，铮铮《性恶》辨天人。

《荀子评注》手稿：“长夏蒸溽，闲坐不住，取昔所点荀卿书再一瞄之”。其评注多精义，如《非相》篇注：“好实不恤文，不免埤污庸俗，是理学一流人。”《非十二子》篇注：“儒真多瞎子。”又总评“《荀子》三十二篇，不全儒家者言。而习称为儒者，不细读其书也。有儒之一端焉，是其辞之复而啴者也。但其精挚处，则即与儒远，而近于法家，近于刑名家；非墨而又有近于墨家者言。《性恶》一篇，立义甚高，而文不足以副之。‘伪’字本别有义，而为后世用以诈伪，遂昧‘从人从为’之义”。允为千古的论。

（九）

学如蝉蜕日趋新，打破“蒙笼”别有情。庄、释参同申墨辩，此中消息倩谁论？

傅山论学，贵在“蜕”字。“君子学问不时变化。如蝉脱壳，若得少自锢，岂能长进。”（《霜红龛集》卷二十二）《荀注》手稿中也赞扬荀子“君子之学如蜕，幡然迁之，妙喻”！又强调“博学广闻”，既重管、老、庄、列、墨、荀、淮南、鬼谷等，又注意吸取佛学思辨，认为“凡此家蒙笼不好问答处，彼皆粉碎说出”，“吾以《管子》、《庄子》、《列子》、《楞严》、《唯识》、《毗婆》诸论约略参同，益知所谓儒者之不济事也”。（同上卷二十六）特别注意到《公孙龙子》、“旨趣空深，全是楞严”，因而，评释《白马》等四论与《墨子·大取》篇，精义甚多。侯外庐、汪奠基等前辈学者稍申论之。实开近代逻辑思维模式之先河，仅汪容甫、章太炎能继其声，但他们却未能自觉地继承和发展。中国的《新工具》之所以长期难产者，以此欤？或非耶？谁能析之？

（十）

学海汪洋隐巨人，“反常之论”见精神。多才多艺多奇趣，笔底“情华”孕好春。

傅山作为十七世纪中国资本主义萌芽时代的早期启蒙学者，多才多艺，性刚情挚，完全够得上恩格斯所说的文艺复兴时代的“思想巨人”，只是尘埋未显，隐而未彰，尚待有“大声音出”为之“钟鼓波涛”而已，傅山自白：“贫道昔编《性史》，深论孝友之理，于古今常变，多所发明……遭乱失矣，间有其说存之故纸者，友人家或有一二条，亦一斑也。然皆反常之论，不存此书者天也。”（《霜红龛集》卷二十五）又论文艺乃“性情之华”，“情动中而发于外，是故情深而文精，气盛而化神……”（同上）。侯外老断为“具有启蒙期个性解放的进步性”，乃不刊之论。

（十一）

晋阳初设“卫生堂”，医史珍传傅氏方。“票号”流通新信息，弄潮原是濯缨郎。

阮葵生《茶余客话》载：“古晋阳城中，有傅先生卖药处，立牌书‘卫生堂药饵’五字，先生笔也。”傅山医学著作甚多，如《大小诸证方论》、《傅青主女科》等在中国医学史上有重要地位。

章太炎《书顾亭林轶事》："近闻山西人言亭林尝得李自成窖金，因设票号，属傅青主主之。始明时票号规则不善，亭林与青主更立新制，天下信从，以是饶于财用。清一代票号制度，皆亭林、青主所创也。"此说果确，殊堪玩味。

（十二）

彤管风尘记异人，犁娃苦恋注深情。"钱神"不敌"花神"力，惊蛰春雷第几声。

傅山曾写作乐府《方心》、《犁娃从石生序》等，歌颂四条绳索下受压迫最深的妇女追求婚姻自由，"不爱健儿、不爱衙豪、单爱穷板子秀才"的纯贞爱情；对被封建礼教吞噬、残害的妇女，深表同情，"吾实怜之，每欲取常所亲见，略为风尘异人杂记，俾此辈不以不幸终湮没无闻"（《霜红龛集》卷十六）。傅山尚有《红罗镜》等传奇，惜未刊。明中叶以来，戏曲、小说、诗词等文艺作品中所反映的反封建的人文主义觉醒，逐处皆是。汤显祖"四梦"中所塑造的"钱神"与"花神"的对立，颇典型。侯外老有论，甚精。（见《论汤显祖剧

作四种》）

（十三）

苍龙行雨海生涛，老树新花著嫩条。鹃血招魂招未得，野人天际盼春潮。

顾炎武赠傅山诗中的名句："苍龙日暮还行雨，老树春深更著花。"傅山手稿中有："欻地杜鹃啼滴血，燕山真有未招魂。""沧海碧云天际意，丹霞明月野人心。"（孙藏手稿）亦可称为名句。诗是心声。名句，更是心深处迸射出的时代及个人的生命的呼唤声。诗无达诂，允许读者作多种理解。

（十四）

船山青竹郁苍苍，更有方、颜、顾、李、黄。历史乐章凭合奏，见林见树费商量。

傅山又号青竹。他与王夫之、方以智、颜元、顾炎武、李颙、黄宗羲，以及同时崛起的许多学者、诗人，确乎都在明清之际的时代潮流中各有创造而又合奏了一曲中国式的启蒙者之歌的第一乐章。他们既有同中之异，又有异中之同。果能同异交得，见树又见林，庶几乎可免夫黑格尔所谓听见音调而不闻乐章之讥。

附：

甲子秋，访太原，敬谒晋祠中傅山先生故居云陶洞，洞颇湫隘，而先生当时笔剑并用，叱咤不息。缅怀风骨，廉顽砺懦。适虞愚老师见示华章，讽诵再三，谨步原韵奉和：

劫后山河带泪看，狷情宁忍易簪冠。
壶中剑戟惊巫鬼，笔底龙蛇沥胆肝。
龌龊奴儒须扫荡，汪洋学海任通观。
云陶洞口怀风骨，羞对箜篌唱路难。

虞愚老师原作：

易代风云反覆看，入山还借一黄冠。
呼天余痛支皮骨，报国孤忠掬肺肝。
儒释老庄多圣解，医诗书画具奇观。
霜红龛集堂堂在，诸艺能臻拙最难。

原注：青主论书有“写字无奇巧，只有正拙、正极奇生，归于大巧若拙已矣”语，故有结句。

黄宗羲的真理观片论

一、“寒芒熠熠，南雷之村”

黄宗羲晚年自号“南雷”，似乎别有深虑。康熙二年癸卯（1663）他五十三岁写成《明夷待访录》一书的《题辞》，自署“梨洲老人识”，“梨洲”一号以后并不常用，康熙十五年丙辰（1676）他六十六岁在《留别海昌同学序》这篇名文中，慨然自称“余南雷之野人也，气质卤莽”；同时，猛烈抨击当时道学圈子中空疏狭隘、“封己守残”的学风。此后，他编定自己的文集、诗集以及《黄子留书》等，均冠以“南雷”二字。全祖望就其处于“贞元之运”的一生学行，赞之为：“鲁国而儒者一人。矧其为甘陵之党籍，厓海之孤臣。寒芒熠熠，南雷之村。更亿万年，吾铭不泯。”且谓其“建续钞堂于南雷，思承东发之绪”[1]，即有承继远祖宋元之际思想家黄震学术的意向。“南雷”本地名（余姚县南有南雷峰，其下有南雷里，距黄宗羲故居黄竹浦不远，他曾奉母移居）。全氏这一引申，使人自然联想到《易传》所云：“震为雷”，“动万物者莫疾乎雷”。黄宗羲在《明夷待访录·题辞》中寄望于“大壮之交”（《左传·昭三十二年》记史墨语：“雷乘乾曰大壮”），在《缩斋文集序》等文中他又一再呼唤着“元气鼓荡而出”的“风雷之文”。有同志细考黄宗羲由自署“梨洲老人”改为用“南雷”别号，实透露出他抗清失败后一度退隐消沉而再转向奋发有为，晚年走上更光辉的人生道路，表现出对“雷”的特殊爱好。[2]也有同志总其一生的学术贡献，肯定他“为中国近代勾画了一幅民主主义的理想蓝图，用‘风雷之文’召唤着‘豪杰之士’起来冲破‘囚缚’，……实是一位立足于当时的现实而又一脚跨进了未来的伟大思想家”。[3]我想，这些评断，并非出于臆测或过誉。

黄宗羲是十七世纪中国特殊历史条件下诞生的早期启蒙思

① 全祖望：《梨洲先生神道碑文》，《鲒埼亭集》卷十一。

② 徐仲力、诸焕灿：《黄宗羲“梨洲”“南雷”两号探微》，《清史研究通讯》1986年第2期。

③ 冯契：《中国古代哲学的逻辑发展》下册，第1045页。

想家。他以东林遗孤、复社领袖，“冷风热血、洗涤乾坤”的个人特殊经历和晚年博通经史、吞吐百家、抛弃“语录糟粕”而“别开天地”的巨大学术成就，成为明清之际时代运动的旗手，成为破除“讲堂痼疾”、转变一代学风的带头人，成为中国走出中世纪的思想启蒙道路的最早的探索者。一部《明夷待访录》，振聋发聩，石破天惊，表现了他冲决封建“囚缚”的勇气和剖判封建专制的深度，从君主与万民的经济政治利益的对抗来揭露君主制实“天下之大害”，封建法乃“非法之法”；进而主张把封建君民关系中的主客地位根本上颠倒过来，实现“天下为主，君为客”的社会原则；以“天下之法”代替“一家之法”，实现“有治法而后有治人”的法制理想。[①]这部书中反映的东方近代化的思想萌芽，尽管因时代不成熟和历史包袱沉重而带有各种局限，但以其植根于民族文化传统中深沉的民主意识而特有生机，在近代中国变法维新和民主革命运动中一直起着特殊的酵母作用，至今仍有其启蒙意义。另一部《明儒学案》，实开断代学术史论的先河，疏观其综述有明一代的理学思想，“言行并载，支派各分，择精语详，钩玄提要，一代学术源流，瞭如指掌”。[②]隐然把握到以

① 《明夷待访录》之《原君》、《原法》。

② 《明儒学案》莫晋序。

心学的产生、发展、分化到总结为时代思潮的主线，但又“论不主于一家”，[①]虽“以大宗属姚江”，而“凡宗姚江与辟姚江者，是非互见，得失两存”，[②]确系优秀史作。如果密察其贯串全书的指导思想和评判诸家得失是非的准则，参以其他论学衡文之旨趣，则可以发现其学术史论中寓有特别可贵的哲学观点，诸如真理的探索是一个历史过程，学术真理是在“殊途百虑”的多元化形态中发展，时代精神寓于文化创造的诸领域之中等观点，就如“明月之珠，尚沉于大泽”[③]，值得珍视和发掘。

二、“言性命者，必究于史”

“言性命者，必究于史”，这是章学诚经过博学慎思，对黄宗羲所开创的浙东学术所做出的一句赞语，可谓片言居要，足以传神。

旧说多以黄宗羲的哲学思想为其政治思想的光华所掩；甚或以他在哲学路线上赞白沙，宗阳明，承蕺山，陷入心学窠

① 《明儒学案》贾润序。

② 《明儒学案》莫晋序。

③ 《孟子师说·题辞》。

臼，无可取；见其“盈天地皆心也”、“圣人之学心学也”等语，即斥为谬说。其实，黄宗羲的哲学思想正与其政治思想脉络贯通，互为体用。正因为敢于在政治上否定“以天子之是非为是非”，[①]所以能够在学术上提倡“殊途百虑”的真理史观，尊重“一偏之见”、乐闻“相反之论”，坚决反对“执定成局”、“好同恶异”、“必欲出于一途”的传统的僵化思维模式。[②]他生当旧制度刚出现崩解征兆的“夷之初旦，明而未融”[③]的时节，只能在“晨光熹微”中自发地探索着中国哲学启蒙的去路。这种探索的苦心及其新开辟的学术途径，前人直书所见，往往足资启发。如全祖望颇见其“于广大之中求精微”[④]的意旨，确有会心地指出：“有明以来，学术大坏，谈性命者迂疏无当，穷数学者诡诞不经，言淹雅者遗讥杂丑，攻文词者不谙古今。自先生合义理、象数、名物而一之，又合理学、气节、文章而一之，使学者晓然于九流百家之可以返于一贯。”[⑤]若就理学一环而言，“公以濂洛之统，综会诸家，横渠之礼教，康节之数学，东莱之文献，艮斋止斋之经制，

① 《明夷待访录·学校》。

② 《明儒学案·自序》、《明儒学案·发凡》。

③ 《明夷待访录·题辞》引《后汉书·党锢列传》语。

④ 《甬上证人书院记》，《鲒埼亭集·外编》卷十六。

⑤ 《二老阁藏书记》，《鲒埼亭集·外编》卷十七。

水心之文章，莫不旁推交通，连珠合璧”。[1]这里，两个“合而一之”，一个“综会诸家”，显示出他所见到的黄宗羲学术堂庑之广大，超出了汉学、宋学以及宋学诸流派的藩篱；至于“九流百家之可以返于一贯”，则表露出黄宗羲所追求的新哲学体系，对于九流百家的思想都试图融摄包容，驰骋古今，不拘家派，“其于象数图纬，无所不工，以至二氏之藏，亦披抉殆尽”。[2]这正是启蒙学者的探索精神和恢宏气象。章学诚似乎更透一层，意识到黄宗羲开创的浙东学风，“通经服古，绝不空言德性”，谓“梨洲黄氏出蕺山刘氏之门，而开万氏兄弟经史之学，以至全氏祖望辈尚存其意，宗陆而不悖于朱”，虽与顾炎武所创的浙西之学并峙，而“较之顾氏，源远而流长”，不仅跳出了“朱陆门户”之争，而且强调“天人性命之学，不可以空言讲”，应当与“经世史学”相结合。独具只眼地评判：“浙东之学，言性命者，必究于史，此其所以卓也。”[3]“言性命者，必究于史”这句话，涵义颇丰。此语似从黄宗羲的“不为迂儒，必兼读史”脱胎而来，实指浙东学术的基本路向在于寓义理于史学，与顾炎武的“经学即理

① 《梨洲先生神道碑文》，《鲒埼亭集》卷十一。

② 《甬上证人书院记》，《鲒埼亭集·外编》卷十六。

③ 《文史通义》内篇二《浙东学术》。

学”、言性命必本之经、寓义理于经学的学术路向恰相对应；就其反对理学而言，且具同等意义，即都以一定的时代自觉，力求摆脱统治思想界五百年的理学桎梏。尽管他们都脱胎于理学，所谓“顾氏宗朱而黄氏宗陆”[①]，所承学脉不同，不免带上印记。顾氏恪守“读九经自考文始”[②]的治学门径，“博学于文”[③]，“援古证今”[④]，又重视亲身实地调查，反对“明心见性之空言”[⑤]，强调“见诸行事”[⑥]，“验于事物”[⑦]，颇近于经验论的思路和方法。黄氏则坚信“学者不可不通知史事”[⑧]，以“读《明十三朝实录》、《二十一史》”为治学入门，虽声称“以六经为根柢”，而实重史学[⑨]；但受过心学宗旨陶冶，而又能超出朱陆门户，故又主张“读书不多，无以证

① 《文史通义》内篇二《浙东学术》。

② 《顾亭林文集》卷四《答李子德书》。

③ 《顾亭林文集》卷三《与友人论学书》引《论语·雍也》篇之语。

④ 《日知录》潘耒序。

⑤ 《日知录》卷七“夫子之言性与天命”条，卷十八“心学”条。

⑥ 《顾亭林文集》卷四《与人书二十五》。

⑦ 《日知录》卷七“夫子之言性与天命”条，卷十八“心学”条。

⑧ 《梨洲先生神道碑文》，《鲒埼亭集》卷十一。

⑨ 浙东本有“五经皆史”之说，首发于阳明，《传习录上》：“以事言谓之史，以道言谓之经。事即道，道即事。《春秋》亦经，五经亦史。”经黄宗羲到章学诚大畅其旨，“六经皆史”，“经”不过是“三代之史”，实有把“经学”降为“史学”之一分支的意味。

斯理之变化，多而不求于心，则为俗学”，强调的是“深求其故，取证于心”[①]，则恰与顾氏相区别，而颇近于唯理论思路。章学诚再申言，浙东的“史学”，并非“史纂”、“史考”，而在于“浙东贵专家”，得与“浙西尚博雅”（指亭林所倡考据之学）相区别。[②]所谓“专家”之学，指的是“不徒以词采为文，考据为学”，“而独取三千年来遗文故册，运以别识心裁，盖承通史家风，而自为经纬，成一家言”。[③]这是借褒扬郑樵，阐述浙东特有学风，所谓“别识心裁”，“自为经纬”，正与宗羲反对“肤论謷言”而主张“深求其故，取证于心”的意旨相合。故前揭章氏“言性命者，必究于史”一语，可以理解为研究“天人性命之学”，决不能再走宋明道学家的老路，停留于“朱陆异同”的争论或调和已毫无意义，必须另辟蹊径，改变学风，舍性理空谈而转向经世实学。也还可以再引申一层，理解为“义理”研究当与史学相结合，坚持历史主义态度，运用历史分析方法，网罗文献资料而又特重“别识心裁”，以“通史家风”来对待学术异同，跳出门户圈子和

① 黄宗羲语，见全祖望《梨洲先生神道碑文》与《南雷文案》卷一《恽仲升文集序》。

② 《文史通义》内篇二《浙东学术》。

③ 《文史通义》内篇四《申郑》。

道统偏见，把历史上各家各派“学术之不同”，看作是正显示出“此心之万殊”、“道体之无尽”。真理的展开本为一个过程，《明儒学案》，正是这样“自为经纬，成一家言”的专著的标本。章学诚所见到的浙东“言性命者必究于史”①的“专家之学”的卓越之处，正是黄宗羲在哲学启蒙方面推陈出新的独特贡献。

三、“心无本体，工夫所至，即其本体”

黄宗羲寓义理于史学、“运以别识心裁”的巨著《明儒学案》写成之后十七年，因北地贾醇庵刻印此书而郑重作的自序文，至少有三种稿本，说明曾经反复修改，时年已八十四岁，堪称晚年哲学定论。序首开宗明义声言：

> “盈天地皆心也。变化不测，不能不万殊。心无本体，工夫（文集本作“功力”）所至，即其本体。故穷理者，穷此心之万殊，非穷万物之万殊也。［穷心则物莫能遁，

① 章学诚也曾将寓理学于史学的浙东学风，上推到南宋，如说：“南宋以来，浙东儒哲讲性命者多攻史学，历有所承。”（《邵与桐别传》，《章氏遗书》卷十八《文集》三）

穷物则心滞一隅。]”（此据紫筠斋刻本，无末二句，据文集本补。）另德辉堂刻本作：“盈天地间皆心也。人与天地万物为一体，故穷天地万物之理，即在吾心之中。后之学者，错会前贤之意，以为此理悬空于天地万物之间，吾从而穷之，不几于义外乎？此处一差，则万殊不能归一。夫苟工夫著到，不离此心，则万殊总为一致。”

这一段话，颇滋歧解。或以为宗羲承蕺山曾多次讲过“盈天地间皆气也”、“盈天地间一气而已”，而此处却又断定“盈天地皆心也”，足见其思想矛盾混乱，终于“陷入主观唯心主义”。或分析“盈天地皆心”与“盈天地间皆气”这两个命题，在黄宗羲思想体系中并非对立而是统一的，因他认定“心即气”或“心即气之灵处”，即心即气，把物质与精神视为一体，在本体观上趋向泛神论。或指出他沿着阳明心学思路，强调“人心”的“主宰”作用；而又修正阳明，否定了“心”是宇宙本体之说，把“心”作为认识主体，认为“心无体”，通过“意”、“知”去认识事物，从而获得其内容，这在认识论上属于唯物主义反映论。在这里，可以暂不去较论判别唯心、唯物的准则与是非，也暂不去分解一个命题在本体论与认识论中确有不同的涵义，但明显的事实是，“盈天地皆心也”以及下文所展开的诸命题，出于《明儒学案》一书自序，其所论述的是学术思潮衍变或真理发展进程的问题，实属于探讨哲学史上展示的精神发展的链条或人类理性的反思等方面的命题，似乎并未涉及世界本原或心物关系的问题。

按此理解，“盈天地皆心”这一命题，可否破译为：“充满哲学发展史（或哲学发展的天地里），乃是心灵的创造活动及其成果。”“天地”本可泛用，指特定时空范围；“心”系陆王心学的中心范畴，虽时有夸张失误之处，但不外乎因过份强调而夸大了认识主体的能动性和人类理性对外部世界的统摄作用。如阳明所谓“心即理”，“心之所以为心，不在明觉而在天理”，“致吾心良知之天理于事事物物，则事事物物皆得其理”，“向外寻理，终是无源之水，无根之木，总［纵］使各得，本体上已费转手，故沿门乞火与合眼见暗，相去不远”。[①]这是黄宗羲推崇的阳明心学大旨。就其以“心”来泛指人类心灵（精神）的创造活动，运用于学术史领域则特指各个思想家的穷理工夫及其所达到的理论成就、精神境界等，并不难理解。下文推证，这种“心”的穷理活动，“变化不测，不能不万殊”，即各家所达到的理论成就、精神境界不可能是

① 《明儒学案》卷十《姚江学案》。

一律的。进一步分析，这是由于“心无本体，工夫所至，即其本体”。阳明本有“心无体，以天地万物感应之是非为体”的说法，故强调“知行合一”，以力行为工夫，富有合理因素。宗羲更承蕺山观点，明确认定：“心无体，以意为体；意无体，以知为体；知无体，以物为体。物无用，以知为用；知无用，以意为用；意无用，以心为用。”①认识主体的“心”，守此明觉，并无内容，必须通过“意”和“知”的积极活动，以对象物作为内容，才能对“本体”（“道体”、真理）的内容有所把握。“心以物为体，离物无知。”②但物又要“以知为用……以心为用”，即物的性能等，要通过人的认识才得以显示出来，自在之物才能变成为我之物。所以，“心”的主体作用实现的过程，也就是“本体”（真理）被发现或被把握的过程。这就是“工夫所至，即其本体”的基本涵义。关于“工夫”，由于宋明道学把认识论问题伦理化，把理性认识与道德意识糅混为一，故常涵两义：“成德”工夫与“致知”工夫。前者包摄存心、返约、发明本心、致广大、极高明等，属“尊德性”一义；后者包摄致知、博学、格物穷理、尽精微、道中庸等，属“道问学”一义。二者往往混杂不清，而学者又必然

① 《黄宗羲全集》第一册《子刘子学言》卷一。

② 《黄宗羲全集》第一册《子刘子学言》卷一。

各有偏重，朱陆分歧，由此发轫。阳明把道德意识的主体作为“良知”，其“致良知”、“知行合一”等议论，多偏重于“成德”工夫。蕺山虽主“慎独”，为救阳明之失，已强调“离物无知”，“吾儒自‘心’而推之‘意’与‘知’，其工夫实地却在格物”。[1]宗羲则更是强调博学，扩展为“儒者之学经纬天地”[2]，“元元本本，可据可依”[3]，要求通过“读书”来“证斯理之变化”，“格物务极其至”，[4]以求达到“深求其故”[5]的目的。其所讲“工夫”，实偏重于“致知”、“道问学”方面。但又强调在博学的基础上还要独立思考，“务得于己”、“取证于心”。[6]全祖望赞之为“于广大之中求精微”，“杂而不越”，有一定见地。但主要的是善于汲取陆王心学精华，又蕴含着理性觉醒的新意。

“工夫所至，即其本体”，表明真理的被认识是一个过程。就个体说，“精神胚胎学”的发育有一个过程，“诸先生

---

① 《黄宗羲全集》第一册《子刘子学言》卷一

② 《赠编修弁玉吴君墓志铭》，《南雷文定》后集卷三。

③ 《甬上证人书院记》，《鲒埼亭集·外编》卷十六。

④ 《梨洲先生神道碑文》，《鲒埼亭集》卷十一；《甬上证人书院记》，《鲒埼亭集·外编》卷十六。

⑤ 《恽仲升文集序》，《南雷文案》卷一。

⑥ 《恽仲升文集序》，《南雷文案》卷一。

学不一途，师门宗旨，或析之为数家；终身学术，每久之而一变”。[1]经他对王阳明一生学术变化的细心个案研究，揭示其早年思想经历，由“泛滥于词章”而“遍读考亭之书”，又“出入于佛老者久之”，然后才“忽悟格物致知之旨”，形成“心即理”的系统观点。“其学，凡三变而始得其门”。此后，思想继续发展，由“默坐澄心”，到提出“致良知”，再发挥为“知行合一”、寂感不二，达到圆熟，“是学成之后，又有此三变”[2]。这样，对个人思想发展的动态研究，使他体会到“夫圣学之难，不特造之者难，知之者亦难”，因为“诸儒之言，有自得者，有传授者，有剽窃者，有浅而实深者，有深而实浅者”，如果不是“工夫积久，能见本体”，达到很高的思想境界和认识水平，是很难作出准确评断的。[3]纵观人类的认识史，就“精神的古生物学”而言，更是展开为一个复杂的过程。如他自叙：

“羲为《明儒学案》，上下诸先生，深浅各得，醇疵互见，要皆功力所至，竭其心之万殊者而后成家，未尝以懵懂精神冒人糟粕。于是为之分源别派，使其宗旨历然。由是而

① 《明儒学案》德辉堂本序。

② 《明儒学案》卷十《姚江学案》。

③ 《移史馆论不宜立理学传书》。

之焉，固圣人之耳目也。”

德辉堂本另作：“诸先生不肯以懵懂精神冒人糟粕，虽浅深详略之不同，要不可谓无见于道者也。余于是分其宗旨，别其源流，与同门姜定庵、董无休操[文集本作“撮”]其大要，以著于篇，听学者从而自择。”[①]

可见，学术史上“竭其心之万殊而成家”的学者，“功力所至”，浅深不同，只要不是“以懵懂精神冒人糟粕”，对于“道”或多或少总有所“见”。换言之，真理（“本体”、“道体”）之被发现，随学者们不同角度、不同层面的“工夫（功力）所至”而展开为一个过程。所谓“穷理者，穷此心之万殊，非穷万物之万殊”，“先儒之语录，人人不同，只是印我之心体，变动不居”。[②]一方面，这是由“心即理”、“心外无理”所导出的关于认识成果的“理”的多样性的观点，纳入学术史观，是试图解释各家思想宗旨的不同，乃根源于“心之万殊”。当然有其局限。但另一方面，着眼于认识主体的心态的多样性，借以说明各个“成家”学者所取得的认识成果的多样性和“分其宗旨，别其源流”的可能性，也并

① 《明儒学案·自序》。

② 《明儒学案·自序》。

不完全悖理。

学术真理展开为一个过程，是否有其固有的规律性，黄宗羲无力回答这一问题。但他在撰写学案的实践中，注意到“宗旨杂越”、“风光狼藉”的学术思想史，并非杂乱无章，而是“苟善读之，未始非一贯也”[①]（借汤斌语）。他面对“各家自有宗旨”的经验事实，扬弃了前人固执“一人之宗旨”与“杂收不复甄别”两种偏向，花大工夫从“使其宗旨历然”入手，对“明室数百年学脉”做了清理，[②]看作是“白沙开其端，至姚江而始大明”[③]。此后，阳明心学经过大发展、大分化，而终于走向自我否定；最后，经东林师友“冷风热血”的洗礼，由蕺山总其成。[④]《明儒学案》所展现这一合规律的过程，“导山导水，脉络分明”[⑤]，至今仍有参考价值。他从晚明思潮的起伏，似乎推测到思想运动往往是在补偏救弊中沿着“之”字路发展。蕺山曾论及晚明学术流弊说：“呜呼！学术之难言也。王守仁之言良知也，无善无恶，其弊也必为老

① 《明儒学案·自序》、《明儒学案·发凡》。

② 《明儒学案·自序》、《明儒学案·发凡》。

③ 《明儒学案》卷十《姚江学案》。

④ 《明儒学案》卷三十二《泰州学案》，卷五十八《东林学案》，卷六十二《蕺山学案》。

⑤ 汤斌致黄宗羲书，《南雷文定》附录。

庄，顽钝而无耻；顾宪成之学朱子也，善善而恶恶，其弊也必为申韩，惨刻而不情。佛老之害得宪成而救，臣惧一变复为申韩，自今日始……”[①]宗羲也曾论及阳明和蕺山“皆因时风众势以立教”：“阳明当建安格物之学大坏，无以救章句训诂之支离，故以良知之说，倡率一时；乃曾未百年，阳明之学亦复大坏，无以绝葱岭异端之夹杂，故蕺山证人之教出焉。阳明圣门之狂，蕺山圣门之狷。”末二句，被全祖望赞为“其评至允，百世不可易”[②]。其实，值得注意的是，他把思潮的更迭，看作针对流弊，代谢更新。不仅对“此一亦述朱，彼亦一述朱”的陈腐学风，深恶痛绝；且对自己师承的阳明之学，也认为久必“大坏”。进而利用“元亨利贞”传统范畴，在神秘的形式下朦胧地臆测到学术思想的发展通过否定性环节而形成某种“圆圈”。蕺山曾说：“贞下起元，是天道人心至妙处。”[③]妙在何处，未加阐明。宗羲加以发挥说：

“道之在天地间，人人同具，於穆不已，不以一人之存亡为增损……然无添减而却有晦明，贞元之会，必有出

① 刘宗周上书，载《子刘子行状》上。

② 《甬上证人书院记》，《鲒埼亭集·外编》卷十六。

③ 《黄宗羲全集》第一册《子刘子学言》卷二。

而主张斯道者以大明于天下，积久而后气聚，五百岁不为远也。”

借孟子关于“五百年必有王者兴”的论题，阐述学术思想史似乎五百年也必有一次“贞元之会”，出现继往开来的划时代的大思想家。按“贞下起元”的周期模式，他认为，从尧舜到孔孟是一个周期，“若以后贤论：周程，其元也；朱陆，其亨也；姚江，其利也；蕺山，其贞也”[①]，是又一个周期。在臆测中，大体勾画出宋明五百年道学发展的“圆圈”。然后，他以启蒙者的胸襟，面向未来，大声呼唤：“孰为贞下之元乎？！”[②]

四、“圣贤之血路，散殊于百家”

《明儒学案·自序》还有一段关于学术真理多元化问题的论述：

“学术之不同，正以见道体之无尽。即如圣门，师、

① 《孟子师说》卷七。

② 《孟子师说》卷七。

商之论交，游、夏之论教，何曾归一？终不可谓此是而彼非也。奈何今之君子，必欲出于一途，剿其成说以衡量古今，稍有异同即诋之为离经叛道，时风众势，不免为黄茅白苇之归耳。”

“心之万殊”，形成“学术之不同”，正显示真理展开为一个过程是无穷尽、无止境的。巧举《论语》所载，孔门中子张与子夏论交，子游与子夏论教，就主张不一，互相争论，难于说“此是而彼非”。面临宋明以来道学内部的朱陆之争，阳明与朱门后学之争，阳明心学内部的分化和论争，当时不少人各陷门户，互相攻讦，造成所谓“使杏坛块土为一哄之市”的局面。黄宗羲虽也学宗阳明，师事蕺山，但由于他在真理观上有其独见，因而能够摆脱一些门户偏见和传统观念，[①]对封建传统文化意识的专断、庸妄、狭隘，有较多的突破，对指向未来的文化启蒙，有较多的开拓。

---

① 郑性、全祖望都认为黄宗羲“门户之见未化”、“党人之习气未尽”（见全氏《五岳游人（郑性）穿中柱文》、《答诸子问南雷学术贴子》）。或指宗羲在政治上多为东林、复社辩护，写《汰存录》以驳夏允彝的《幸存录》等。恰好在《汰存录》中，宗羲提出了在学术上“议论不可专一”，而在政治上必须分清“流品”的观点。学术上的门户偏见，宗羲似比亭林、船山均少得多。

他以一种理论上的自信，特别反对“必欲出于一途”的专断和固守“一定之说”的愚昧。按他的观点，推动学术真理的发展，正是靠独立思考的学者“穷此心之万殊”，由于他们“工夫所至”不同，所走途径不同，对于“本体”的体认把握只能是“深浅各得，醇疵互见”；特别是具有创造性、开拓性的学者，“宁凿五丁之间道，不假邯郸之野马，故其途亦不得不殊”。因而，独断地坚持“必欲出于一途”，就只能窒息创造性思维、扼杀智慧的生命，“使美厥灵根，化为焦芽绝港”，最后出现的只能是“黄茅白苇”似的一片枯槁和萧条。[①]扼杀真理的“一定之说”，总是凭借“时风众势”，特别是科举仕途的需要，“剿其成说以衡量古今，稍有异同即诋之为离经叛道”[②]；“执其成说，以裁量古今之学术，有一语不与之相合者，愕眙而视曰：‘此离经也！此背训也！’于是六经之传注，历代之治乱，人物之臧否，莫不各有一定之说”[③]。在当时，这种“一定之说”就是钦定一尊、奉为科举考试准则的官方理学。宗羲尖锐地揭露：“此一定之说者，皆肤论瞽言，未尝深求其故，取证于心，其书数卷可尽也，其学

① 《明儒学案·自序》。

② 《明儒学案·自序》。

③ 《恽仲升文集序》，《南雷文案》卷一。

终朝可毕也”，实际是“庸妄”之学。[1]这样的“庸妄”之学流行的恶果是，“数百年亿万人之心思耳目，俱用于揣摩剿袭之中，空华臭腐，人才暑茸”[2]，“穿穴经传，形灰心死”[3]！

通观儒门内的学术分歧，虽学有宗主而不堕门户；鄙弃日趋僵化的“一定之说”，“不以庸妄者之是非为是非”[4]，当时进步的学术界大都能做到。但对于儒门外的学术派别，长期被目为“异端”的道家、佛家，以及“下至九流六艺切于民生日用者”，是否承认其作为真理发展的一环，在学术上给予平等的地位，这在当时就难能了。有的虽也承认“出入于佛老”的意义，但旨在入室操戈，以破显立。刘宗周虽仍固执“圣学”与“异端”之辨，但提出“所谓异端，即近在吾心”之说，认为诸子各家，乃至“凡人”、“乡愿”，都不过是“起念”不同而已。[5]黄尊素曾对《孟子》的“知言”一词意解为“全将自己心源，印证群迹”，“知得群心之变，亦只养得

---

① 《恽仲升文集序》，《南雷文案》卷一。

② 《传是楼藏书记》，《南雷文定》三集卷一。

③ 《进士心友张君墓志铭》，《南雷文定》前集卷八。

④ 《恽仲升文集序》，《南雷文案》卷一。

⑤ 《子刘子学言》卷一：“夫子所云异端，即近在吾心。从人欲起念者，是凡；从生死起念，便是佛；从成毁起念，便是老；从名实起念，便是申韩；从毁誉起念，便是乡愿；从人我起念，便是杨墨；从适莫起念，便是子莫。四下分消，粹然立中正之极，当下便是圣人体段。”

吾心之常”[1]。宗羲或由此出发，推衍出：“古今诸子百家，言人人殊，亦必依傍圣门之一知半解而后得成其说，何曾出此范围。”[2]把“圣门”理想化为真理之全，但毕竟承认了“古今诸子”也是真理之分。更进一步，还发挥出了“圣贤之血路，散殊于百家”的创见。他说：

> “昔明道泛滥诸家，出入于老释者几十年，而后返求诸六经。考亭于释老之学，亦必究其归趋，订其是非。自来求道之士，未有不然者。盖道，非一家之私，圣贤之血路，散殊于百家。求之愈艰，则得之愈真。虽其得之有至有不至，要不可谓无与于道者也。”[3]

这里，对“出入于老释”的肯定，再不是赞为迷途知返或研究乃是为了批判；而是另作新的解释，认为研究“老释”也是“求道”的一环。因为，道“非一家之私”，学术真理并非某一家一派的垄断物；真理的追求，理想境界的攀登，途径是多样化的，分别体现在各家学说之中。佛、道各家，也

---

① 《孟子师说》，卷二、卷七。

② 《孟子师说》，卷二、卷七。

③ 《清谿钱先生墓志铭》，《南雷文定》三集卷二。

都曾“竭其心之万殊而后成家”，也就不同程度地有见于道，“不可谓无与于道”。因此，必须重视“一偏之见”，承认“相反之论”，坚持“殊途百虑之学”[①]，才符合并有利于真理多元化的客观发展。否则，“成说在前。此亦一述朱，彼亦一述朱，宜其学者之愈多而愈晦也”[②]。

“圣贤之血路，散殊于百家”的观点，在十七世纪中国，具有巨大的思想启蒙意义。它打破了儒家道统一尊以及“正宗”与“异端”的等级对立，试图改变“举一废百”、“好同恶异”的传统思维模式。黄宗羲以这种真理多元化的观点为指导，进而放眼于更广阔的学术原野，认为除了“散殊于百家”的哲学理论以外，文化思想各个领域里的创造性成果，都寄寓着反映时代脉搏的“豪杰精神”。他所说的“豪杰”也可以说就是历史上的文化巨人或知识精英。

> “从来豪杰之精神，不能无所寓。老、庄之道德，申、韩之刑名，左、迁之史，郑、服之经，韩、欧之文，李、杜之诗，下至师旷之音声，郭守敬之律历，王实甫、关汉卿之院本，皆其一生精神之所寓也。苟不得其所寓，则若

① 《明儒学案·自序》、《明儒学案·发凡》。

② 《孟子师说·题辞》。

龙挛虎跛，壮士囚缚，拥勇［涌］郁遏，坌愤激讦，溢而四出，天地为之动色，而况于其他乎？”①

这段名文，以高度浓缩的信息表达了他的中国文化史观（或微型的“精神现象学”）。这里例举的哲学、政治、史学、经学、科学、散文、诗歌以及音乐、戏剧等九个方面，代表了文化意识形态的诸方面，说明作为文化精英的不朽的精神创造，是通过多样化的文化形式表现出来。宛如龙腾虎跃，冲破“囚缚”，惊涛激浪，汹涌而出，决不可能使其拘守某一种规格。如果“欲使天下之精神，聚之于一途，是使诈伪百出，止留其肤受耳”。②文化创造、精神生产，如果强使一律，只许唱一个调子，就只能制造出大量的虚伪、庸俗和肤浅。

值得注意的是，此处作为“豪杰之精神”的例证，不仅从老、庄哲学举到郭守敬的律历科学，而且，竟同时提到了“王实甫、关汉卿之院本”，透露出一种十七世纪中国才可能出现的新的文化价值观。他晚年另有《偶书》六绝之一，论及汤显祖剧作中表达的人性观。

---

① 《靳熊封诗序》，《南雷文定》后集卷一。

② 《靳熊封诗序》，《南雷文定》后集卷一。

“诸公说性不分明，玉茗翻为儿女情，不道象贤参不透，欲将一火盖平生。”（自注：“玉茗堂四梦之外，又有他剧，为其子开远烧却。”）[1]

诗意灼然，对“玉茗堂四梦”所抒发的“儿女情”，许为优越于理学家们的“说性”；对汤显祖其他剧作遗稿得不到理解而被焚，深表惋惜和同情。

上述真理多元化观点及其所开拓的广阔的文化视野，是黄宗羲作为早期启蒙思想家中的佼佼者所特有的真理史观和文化价值观，至今仍保有“莫邪出匣”的光芒。

五、“此意无穷、海怒鹏骞”

基于上述真理发展观，黄宗羲针对时弊，对于阻滞真理发展的科举之学、语录之学、乡愿（特别是“道学之乡愿”）之学，以及把“肤论瞽言”奉为“一定之说”的庸妄之学等，特别予以愤斥。

《明夷待访录》中，早对“学校害士”，“科举嚣

① 《南雷诗历》卷四。

争”，“取士之弊，至今日制科而极矣”的状况有所剖析。继又一再指出：

“举业盛而圣学亡，举业之士亦知其非圣学也，第以仕宦之途寄迹焉尔！”①

“嗟乎！自科举之学盛，世不复知有书矣！六经子史，亦以为冬华之桃李，不适于用……愈降愈下，传注再变而为时文，数百年亿万人之心思耳目，俱用于揣摩剿袭之中，空华臭腐，人才阘茸。至于细民亦皆转相模锓，以取衣食，遂使此物汗牛充栋，障蔽聪明。”②

科举考试制度早已使人奔竞于利禄，醉心于时文，不仅消磨许多人的聪明才智，而且败坏了整个学风，培养出一大批不关心国计民生，而只热衷于卖弄语录、空谈性命、欺世盗名的“道学之乡愿”。他痛切地指出：

“儒者之学经纬天地，而后世乃以语录为究竟，仅附答问一二条于伊、洛门下，便厕儒者之列，假其名以欺世……

① 《恽仲升文集序》，《南雷文案》卷一。

② 《传是楼藏书记》，《南雷文定》三集卷一。

徒以‘生民立极，天地立心、万世开太平’之阔论，钤束天下。一旦有大夫之忧，当报国之日，则蒙然张口，如坐云雾。”①

“千百年来，糜烂于于文纲世法之中，皆乡愿之薪传也。即有贤者，头出头没，不能决其范围，苟欲有所振动，则举世目为怪魁矣。以是，诗文有诗文之乡愿，汉笔唐诗，袭其肤廓；读书有读书之乡愿，成败是非，讲贯纪闻，皆有成说；道学有道学之乡愿，所读者止于《四书》、《通书》、《太极图说》、《近思录》、《东西铭》、《语类》，建立书院，刊注《四书》，衍辑语录，天崩地拆，无落吾事。”②

这番揭露，真够淋漓痛快，情见乎词。锋芒所向，直指宋明道学家们的欺世丑态和腐朽学风，并把“所读者止于《四书》……”、“刊注《四书》”，也大胆地列为嘲讽的对象。但贯注其中的，不仅是对“伊、洛门下”一大群“道学之乡愿”的鄙薄和批判，而且表现了一种理性的激情，要求冲决千百年来“弥缝周至”的“文纲世法”，向往着“有所振

① 《赠编修弁玉吴君墓志铭》，《南雷文定》后集卷三。

② 《孟子师说》卷七。

动”、“决其范围”的改革和创新。

学术真理必须在创新中得到发展。“日新不已”，才不致“以已往之理为方来之理”，才能从“已往之理”中推陈出新，引出“方来之理”。[①]因而，学术的钻研，真理的追求，是永无止境的，“仿佛其涯涘而不可得”。这是黄宗羲的真理观中一个可贵的卓见。他虽言之不详，但用以论学取友，身体力行，确乎是他“自用得著者为真”的重要宗旨之一。

《明儒学案》首列“师说”二十条，摘自刘宗周《皇明道统录》，显然表示对先师的尊重，但细察《学案》中对各家评断，与“师说”不同乃至抵牾者甚多。如引“师说”论陈白沙指为“学宗自然”，又斥其“欲速见小”，“似禅非禅，不必论矣”；而《学案》则盛赞“有明之学，至白沙始入精微，其吃紧工夫，全在涵养”，“作圣之功，至先生而始明”，并反驳“或者谓其近禅”，竟称“此庸人之论，不足辩也”[②]。尊师而不盲从师说。[③]至于他对刘宗周学术贡献的尊重和表彰，几乎全着眼于刘的学说中“不能不与先儒牴牾”，“与洛闽

---

① 《明儒学案》卷七《河东学案》。

② 《明儒学案》卷首《师说》和卷五《白沙学案》。

③ 陈荣捷先生有《论明儒学案之师说》一文（载《王阳明与禅》一书中）。辨此颇详。

龃龉”[①]的创见。为了保护这些“先师所以异于诸儒”[②]的创见，他坚决反对刘伯绳整理刘宗周遗书时拟将“其言有与洛闽龃龉者”加以“删削”的意见[③]；并拒绝给同门好友恽仲升所辑《刘子节要》一书作序，因为恽仲升迷信《论语》上有“勿意”一语，竟把“先师之言意者一概节去”的作法，他不以为然，并从真理史观的高度，批评恽仲升说：“是则仲升于殊途百虑之学，尚有成局之未化也。”[④]黄宗羲与同门陈确交谊特深；关于天理人欲问题上二人曾有过争论（争论中黄曾站到“天理人欲正是相反”的旧说一边，来批驳陈确“天理正从人欲中见，人欲恰好处即大理”的新解[⑤]），可到晚年黄宗羲日益敬重陈确思想，为陈确所写墓志铭，三易其稿，承认当初对陈确的创见“不能深究”，“今详玩遗稿，方识指归，有负良友多矣，因理其绪言，以谶前过”；因而，充分表彰陈确“其学无所倚傍，无所瞻顾，凡不合于心者，虽先儒已有成说，亦不肯随声附和，遂多惊世骇俗之论”[⑥]的独立

① 《先师蕺山先生文集序》，《南雷文定》后集卷一。
② 《明儒学案·自序》（紫筠斋本）。
③ 《先师蕺山先生文集序》，《南雷文定》后集卷一。
④ 《明儒学案·自序》（紫筠斋本）。
⑤ 《与陈乾初论学书》。
⑥ 《陈乾初墓志铭》，《南雷文定》后集卷三。

创新精神，赞其“力行所至，自信其心，不须沿门乞火，即以《图》《书》为怪妄，《大学》为别传，言之过当，亦不相妨，与剿袭成说者，相去远矣！”[1]这种不徒空言，见诸行事，在尊师重道、交友论学的实践活动中所形成的蔑视剿袭成说、支持立异创新的观点，在宗羲所撰学案中得到了体现，他强调：“学问之道，以各人自用得着者为真，凡倚门傍户，依样葫芦者，非流俗之士，则经生之业也。……学者于其不同处，正宜着眼理会，所谓一本而万殊也。以水济水　岂是学问？”[2]这种观点，也使他一生勤奋，直到晚年，仍笃学不倦（如对好友陈确遗著认真细读，得到许多新的启发），决不停步自满。他有诗自警，足见风怀：“彭泽闲情付酒杯，孤山风韵契寒梅，老来文笔多枯槁，借取波澜向玉台。”“六家指要灿陈编，每件应须数十年，却恨一生穷目力，自知尚在半途边。”[3]正因有这样的风怀，所以他能保持学术生命的活力，不断地开拓视野，借取波澜，八十四岁高龄时，写出了《明儒学案·自序》这样新意盎然的文字，以海纳百川的妙喻，阐述了朴素辩证法的真理史观。他坚信学海无涯，真理无限，“学

① 《黄宗羲全集》第一册《思旧录》。

② 《明儒学案·发凡》。

③ 《南雷诗历》卷四《偶书》。

者穷年矻矻，仿佛其涯涘而不可得”[1]。他曾这样表达自己跳出中世纪庸人意识和传统章句禁锢，走向真理追求的开放心态：

“蹙蹙章句，锢人性命。
视一科名，以为究竟。
正如海师，针经错乱。
妄认鱼背，指曰洲岸。
所以古人，举头天外。
些少得志，曾不芥蒂。
此意无穷，海怒鹏骞。
希圣希贤，以至希天。”[2]

“此意无穷，海怒鹏骞”，何等壮美！而“举头天外”所希望的“天”，又何等渺茫！这是十七世纪中国早期启蒙者不可自解的矛盾和两难。

1985年10月

① 《进士心友张君墓志铭》，《南雷文集》前集卷八。
② 《进士心友张君墓志铭》，《南雷文集》前集卷八。

附：

1986年10月，宁波黄宗羲学术会中：

一

京门慷慨斥权奸，笔剑纵横一少年。
海岛人归诗未老，举头天外望鹏骞。

二

寒芒熠熠出雷峰，化作经天贯日虹。
颠倒纲常民作主，振聋发聩启愚蒙。

《推十书》影印本序

《推十书》，乃英年夭逝的天才学者刘鉴泉先生之重要遗著，是其所撰哲学纲旨、诸子学、史志学、文艺学、校雠目录学及其他杂著之总集，都二百三十余种、四百七十余卷。先生以“推十”名其书斋及著作，盖有取于许君解《说文》“士”字为“推十合一”之意，亦藉以显示其一生笃学精思，明统知类，志在由博趋约，以合御分之征旨。

刘先生字鉴泉，讳咸炘，别号宥斋，四川双流人。家世业儒，誉流蜀中。其曾祖刘汝钦，字敦五（1742—1789），精研易学，内外交修；其祖父刘沅，字止唐（1768—1855），道、咸间以举人退隐成都讲学，融合心性道术，自成一家之言，有《槐轩全书》等传世，被列入《清史·儒林传》；其父刘枧文（1842—1913），字子维，继槐轩讲学，门徒益众，为蜀人所敬重。清光绪丙申（1896）冬，鉴泉生于成都“儒林第”祖宅，于止唐孙辈最为年幼，家学熏陶，也最为聪颖；5岁能属文，9岁能自学，日繙书数十册；稍长就学于家塾，习古文，读四史，得章学诚《文史通义》而细研之，晓然于治学方法与著述体例，遂终身私淑章氏。从此，每读书必考辨源流，初作札记，积久乃综合为单篇论文，然后逐步归类而集成专书。弱冠后已多有撰著。1918年其从兄刘咸焌创办尚友书塾，先生22岁以德业兼优，被任为垫师；执教十余年，育才无数。后又与友人唐迪风、彭云生、蒙文通等创办敬业学院，曾任哲学系主任；继又被成都大学、四川大学聘为教授，乐群善诱，深受学生爱戴。直至1932年，不幸剧逝，年仅36岁，闻者莫不痛惋。他矻矻一生，不离教席，瘁力于讲学授徒，淡泊自甘，绝意仕进，以“寂寥抱冬心”的“忍冬”花自喻。[①]直系军酋吴佩孚、川督刘湘等曾先后慕名礼聘，均被先生泠然谢绝。学优不仕，萧然自得。

先生任塾师后，醉心于教学与国学研究，遍览四部群书，博涉旧闻，敏求新知，自谓：“初得实斋法读史，继乃推于子，又以推及西洋之说，而自为两纪以御之。”[②]又说原理方法，得之章先生实斋，首以六艺统群书，以道统学，以公统

---

① 见《内书·冷热》。

② 《三十自述》。

私，其识之广大圆通，皆从浙东学术而来。”[①]堂庑广大，识见圆通，也正是先生治学运思的特点。所谓“两纪以御之”，乃以“两”为纪纲，通贯一切事物、学理。于史论世，通古今之变；于子知言，明左右之异。即在一切事理之相对、相待、相反、相因的“两端”中，以道家法“观变”，以儒家法“用中”，辨其同异，察其纯驳，定其是非。他自藏古今书二万三千余册，遍及国学各领域与当时新学书刊及诸译本，而每册书的扉页、书眉上均有评注批语，足见其勤敏异常。自谓：“学如谳狱，论世者审其情，知言者析其辞。读书二法，曰入曰出，审其情者入也，虚与委蛇，道家持静之术也；析其辞者出也，我心如枰，儒者精义之功也。”[②]十余年中，用志不分，学思并进而大有成。虽因早逝，壮志未酬，而成书已达二百余种，无论宏观立论，或是微观考史，皆精核宏通，深造有得，就其所留下学术遗产之丰厚，一些识见之高远，真不愧为“一世之雄”，而堪称二十世纪中国卓立不苟的国学大师。

鉴泉先生之学，渊源有自。首先，他受熏于家学，屡称引祖考槐轩遗说，但绝非拘守局限，而朗然自白：“槐轩明先天而略于后天，……故槐轩言同，吾言异；槐轩言一，吾言两；

---

① 《校雠余论》。

② 《中书·学纲》。

槐轩言先天，吾言后天；槐轩言本，吾言末……”[①]继志述事，别有开拓。其次，他特重乡土风教，盛赞蜀学传统，但旨在推陈以出新。如充分肯定“蜀学崇实，玄而不虚”，“统观蜀学，大在文史”[②]；“蜀学复兴，必取兹广博以辅深玄”。认为苌弘、扬雄之后，蜀学有“深玄之风”；唐宋以来，“文则常开天下之先”；自明以来，北方朴质，南方华采，“蜀介南北之间，兼山川之美，宁知后世不大光于华夏乎”？！[③]并畅论华夏学风系于土风遗传，“蜀之北多山，其风刚质，谓之半秦；东多水，其风柔文，谓之半楚。而中部平原，介其间，故吾论学兼宽严。不偏于北之粗而方板，亦不偏于南之琐而流动……”又反省：“蜀中学者，多秉山水险阻之气，能深不能广，弊则穿凿而不通达。吾则反之。专门不足，大方有余。殆平原之性欤！”[④]论虽尚粗，然仅而立之年，其自立、自信、自重乃如此！

但衡论先生之学思成就及其历史动力，似宜更深一层，将其纳入当时整个时代思潮而观其动向，与并世同列相较而察其

① 《三十自述》。

② 《推十文集》卷一《蜀学论》。

③ 《蜀诵·绪论》。

④ 《三十自述》。

异同。他生当晚清，面对五四新潮及开始向后五四过渡的新时期。中西文化在中国的汇合激荡，正经历着由浮浅认同到笼统辨异，再向察异观同、求其会通的新阶段发展。在其重要论著中，已有多处反映了这一主流文化思潮的发展趋势；通过对比中西思想文化的异同，而力求探索其深层义理的会通，找到中西哲理范畴的契合点。例如，在《内书·理要》一文中，论及：“理学之题繁矣，而要以绝对与相对为纲。希腊哲学家首提一与多、动与静、常与变之辨，中国亦然。道家更推及无与有，名家则详论同与异，其后西洋学重治物，故详于量与质，中国学重治心，故详于本与末，是皆总题也。至于散题，则西洋心物之辨盛，而以物理时空之论为基；中国理气之辨盛，而以道德理势之辨为重。凡此诸题，参差错出，各有其准……今贯而论之，甄明中国所传，旨在通一之理……‘通一’者无差别也，其表则为‘两即’之说，是为中国之大理。西洋名理以拒中律为根，非甲即乙，长于‘分’；东方则不然，印度好用‘两不’之法，长于‘超’；中国则好用‘两即’，长于‘合’。‘超’乃‘合’之负面。西人今日亦觉‘分’之非，而趋于‘合’矣。”以下广引诸家，详论一与多、一与两、同与异、合与分、动与静等，一切事理之相对“两端”，都是通一而不可分（即“两即”）。如论及“时、空”

曰："昔者西人言绝对时间、空间，自《相对论》出，乃知空与时亦皆无绝对；无绝对者，正通一之象也。"又论及"王伯安言即知即行，即本体即工夫，朱派多非王说，未达此意也。今意大利哲学者克罗齐论文学，谓形式与内容不可分，直觉与表现亦不必分，其说颇似阳明"。又例如，在《内书·撰德论》一文中，首谓"西方之学，精于物质，而略于心灵，彼亦有道德学，而多主义外，罕能近里，浏览其书，得一二精论，足与先圣之言相证发，爰撰录而申其义"。全文杂引西方学者及时人论著，计有斯宾诺莎、康德、费希特、亚里士多德、詹姆斯、柏格森、托尔斯泰、彭甲登、利勃斯、帕尔生、傅铜、胡适等十余人。如论及"真、善、美"关系时，有云："德人彭甲登分'真、善、美'为三，其说甚确；特未分出高下宾主，西人遂以求'真'为主。其敢偶言主'善'者，托翁（托尔斯泰）一人而已。较之詹姆斯之言'用'，更进一层矣。吾国先儒无非主'善'，自考据学兴，乃重求'真'。托氏之言，固不独矫西方之偏也。特托氏乃主宗教者，不免偏于绝情，排斥彭甲登亦为过当。希腊哲人合'善、美'为一，其说虽未周密，然彼所谓'美'，固指合理而非指纵欲。托翁必谓'美'全与'善'反，必绝欲而后得理，则又未通性在情中，理在欲中。离情欲而言性理，此宗教家之所以受攻，而不能自立也。要之，‘真’者事实判断也，‘善、美’则价值判断也，故‘真’之去‘善’远而‘美’则近。”又引帕尔生论“伦理学者位乎诸术之上，广言之直可包诸术”之言，而评曰：“伦理学者，价值之学也。西人之学，以哲学为最高，而其义本为爱知，起于惊疑，流为诡辩。其后虽蕃衍诸科，无所不究，然大抵重外而忽内，重物理而轻人事。故求真之学则精，而求善之学则浅，伦理一科，仅分哲学一席，其弊然也。”[①]此类议论，《推十书》中逐处可见，论虽不完备，但宗旨灼然，对于中西各家学说，博采兼综，既于同见异，又于异观同，旨在扬榷古今，会通中西，“外之不后于世界之思潮，内之仍弗失固有之血脉，取今复古，别立新宗”（鲁迅语），有选择地吸纳和借助西学、新学，用以促进和优化中华固有学术之发展，这正是后五四时期文化主流思潮的总趋向。先生谓：“采西方专科中统系之说，以助吾发明整理也。昔印度之学传入中华，南朝赵宋诸公，皆取资焉，以明理学，增加名词，绪正本末。以今况古，势正相同。此非求攻凿于他山，乃是取釜铁于陶冶。”[②]这表明他确已意识到中华学人所面临第二次文化引进，正如当初取资印度佛学以发展理学一样，必须系统地消化

① 《内书·撰德论》。

② 《浅书·塾课详说》。

西学，通过陶冶，自求国学的发展与创新。

作为时代思潮的产物，总是无独而必有偶。当时蜀中著名青年诗人吴芳吉（1896—1932，字碧柳，江津人）。恰与先生为同列，同年生、卒，同任教职，且同气相求，以“国士”相许，结为知交。吴为后五四时期中国新体诗的开路者之一，其大量诗作及诗论反映了民间疾苦、时代呼声，并自觉到“旧诗之运已穷，穷则必变”。“乃决意孤行，自立法度，以旧文明的种子，入新时代的园地，不背国情，尽量欧化，以为吾诗之准则。”[①]刘则属国学研究者中资深积厚的一员，在新旧文化汇合激荡中，也自觉到应当弘扬优秀传统，涵化西学新知，力求加以整合，“拥殃清道”，开出新路。他说：“求知之学，近三百年可谓大盛。然多证实而少发挥，多发现而少整理……今则其时矣！为圣道足其条目，为前人整其散乱，为后人开其途径，以合御分，以浅持博，未之逮也，而有志焉！”[②]二人之心声，自相应和。二人之德业，又璀璨交辉，同为“天地英灵气，古今卓异才”[③]！把他们称作近世蜀学史上的双子星座，似不为过。

---

① 《白屋吴生诗稿·自订年表》。

② 《三十自述》。

③ 吴宓诗:《怀碧柳》。

《推十书》中，史学论著颇多。论者或以为先生“于学无所不通，尤专力于史”。[①]但先生“史纂”、“史考”之作并不多。为落实其特重时风、土俗的方志学观点，特撰《蜀诵》四卷、《双流足征录》八卷，是为方志之力作；又因友人劝其重修宋史，遂撰《重修宋史述意》等文，是为拟修国史之规划。其余成书如《四史知意》、《史学述林》、《治史绪论》等，多为史学理论及史学史、历代史学述评之作，往往涉及史志学、文化学、社会学、民俗学等一些深层理论与方法学问题。蒙文通先生曾赞其“持论每出人意表，为治汉学者所不及知”。[②]

至于先生对浙东“通史家风”学脉的继承，对章实斋“六经皆史”义理之阐发，更是其史学思想的独特贡献。先生明确宣称：“吾于性理，不主朱，亦不主王，顾独服膺浙东之史学。浙东史学，文献之传，固本于吕氏；而其史识之圆大，则实以阳明之说为骨。”[③]又申言：“吾之学，其对象一言以蔽之，曰史；其方法，可一言以蔽之，曰道家。……此学以明事理为的，观事理必于史，此史是广义，非仅指纪传编

① 徐国光：《推十书系年录序》。

② 《经史抉原·评〈学史散篇〉》。

③ 《阳明先生传外录》。

年，经亦在内；子之言理，乃从史出，周秦诸子，无非史学而已。横说则谓之‘社会科学’、纵说则谓之‘史学’，质说、括说谓之‘人事学’可也。”[①]又谓“‘人事’二字，范围至广”，[②]“群学、史学，本不当分”。[③]足见其所谓“人事学”，实近于今日通用的“人文学”（Humanities）；而所谓“广义”之史学，括举各种人文现象，则颇近于“价值之学”或德国西南学派所谓与自然科学相对峙的“文化或历史”科学。以传统国学为根基，以上继浙东史学学脉为具体的历史接合点，从而发展出具有现代性的人文学或人本思想，乃是先生史学思想中富有时代精神的人文内涵。至其所谓道家方法治史，即以“执两”、“御变”之法研究历史发展进程。他说：“《七略》曰，道家者流，出于史官，秉要执本，以御物变。此语人多不解，不知‘疏通知远’，‘藏往知来’，皆是御变。太史迁所谓‘通古今之变’，即是史之要旨……黑格尔‘正反合’三观念，颇近道家，然因而推论云，‘现实即合理’，‘合理即现实’，是即‘势’忘‘理’，为道家之弊。然不得谓道家必流为乡愿，果能执两，则多算一筹，当矫正极

① 《中书·道家史观说》。

② 《三十自述》。

③ 《中书·一事论》。

端，安得以‘当时为是’而同流合污哉！”[1]这番议论，亦颇恢奇，触及到历史辩证法及经世史学否定“当时为是”的批判性；评及黑格尔哲学近道家，而又谓黑氏肯定‘现实即合理’乃易流于乡愿。论虽尚疏浅，但其贵两、尚变，揄扬道家，力斥乡愿，与五四新潮中的西化派、崇儒派均有所不同，似颇含深意。

《推十书》中展示的鉴泉先生学思成就，还有一个突出特点，即他力图用一定的哲学纲旨（普遍原理或根本范畴），贯通“天、地、生（生物界以‘人’为中心）”的各种事理，以及古今东西的一些学理，试拟形成一个系统化的理论体系。他自视颇重的《两纪》、《左右》、《一事论》等文，均表白了这一宏愿。《一事论》以“宇宙万物以人为中心，人又以心为中心”为纲旨，论到“真善美”次第与古今学术分类目录的中西之异，明确意识到“夫目录者，所以辨章学术，考镜源流，今四部乃以体分，岂不宜遭笼统之讥”；“中国旧籍，诸科杂陈，不详事物，遭系统不明、专门不精之讥。”故主张改弦更张，力求明统知类，“纵之古今，横之东西”，重建“学纲”。[2]而在《两纪》中，则更进一层，自谓：“力学以来，

① 《中书·道家史观说》。

② 见《中书·学纲》。

发悟日多，议论日繁，积久通贯。视囊所得，皆满屋散钱，一鳞一爪也。”这一“通贯”的原则，即所谓“凡有形者皆偶，故万事万物皆有两端”，以“两”观之，也就能够“豁然知庄生所谓‘天地之纯，古人之大体’”。他在《两纪》中所展开并列出的一系列相对、相待之“两端”，竟达百余项，并称：“八年用功，得此一果——唯一之形而上学。”足见其确具有较深广的哲学矛盾观。他在《左右》等文中对“两一”关系以及对“中”、“公”、“容”、“全”、“两有”、“两不”，以及“包多则归于全、超多则归于无”等的诠释，足证其对以“两”为纲，并使传统“两一”观得以哲理化为某种理论体系，确有一定的自觉。他说：“今大道将明……故近世东西学人皆求简求合，统系明则繁归简，纳子史于‘两’，纳‘两’于‘性’，‘易简而天下之理得’，既各分尽专长，又同合归大体，区区此心，窃愿此耳！”①

基于这种自觉，他开始注意“论理考证法”（即逻辑分析法）的研究，旁参西学（引荐枯雷顿《逻辑概论》、杜威《思维术》、耶方斯《名学浅说》、王星拱《科学方法论》等），进而以《析名粗例》为题，“杂用中文及西洋、

① 《中书·学纲》。

印度书译名期达所指之实”，初步疏理了“体与用”、“构造与机能”、“实与德与业”、“形式与内容”、“数量与质”、“空间与时间”、“能与所”、“自与他”、“主观与客观”、“目的与手段”、“因与果”、“善与真与美”、“具体与抽象”、“特殊与普遍”、“自相与共相”等一系列名词及其用法。接着在《理要》（又名《中夏“通一”、“两即”论》）等文中，更对传统哲学中一系列范畴，试图在“绝对”超乎“相对”则“通而为一”（“两即”或“两不”）的原理指导下，以“一与多”为纲，“同与异”次之，再展开为“动与静”、“无与有”、“量与质”、“本与末”之诸关系；而又旁衍出“一与两”、“分与合”、“常与变”、“体与用”、“虚与实”的关系等。《善纲》、《纲缀》中，亦对传统伦理学、道德学中“散无统纪”的诸范畴，“为之统贯”，作了疏理。这样，着力于清理、琢磨诸范畴，旨在从哲理上、逻辑上对此类范畴分出层次，判其主从，给以规定，使传统学术“不致如晋宋以降之杂驳无主”，而得以理论化、系统化。五四时期在西化狂潮与复古逆流的冲击下，仍有部分学人确有此清醒认识，并作过自觉的努力，只是各人的成就大小、作用隐显不同而已。先生僻处西蜀，独立探索，虽志业未竟，其会通中西、熔铸古今的体系尚远不成熟，而志之所求，心路历然。有些独得之见，发前人之所未发，值得珍视。认真审视五四以来中华学术多维衍变的思想轨迹，则先生的上述论著，显然是不可忽视的理论成果和承启环节。

至于先生以自己编订之个人著述所建构的“学纲”，则《中书》、《两纪》以总标宗旨，《右书》知言，评论诸子；《左书》论世，深研史学；《内书》多心得之作，明辨天人义理之征；《外书》乃博观所见，评析中西学术之异。《认经论》、《道家史观说》、《文史通义识语》、《先河录》等自明学术渊源；而《续校雠通义》等论定校雠真义；《子疏定本》、《道教征略》、《清学者谱》等乃学术思想史著作。其他，论文心、述诗风、评书法、原画旨、讲说治学门径的著述尚多。即此，已体用兼备，粲成格局，合乎传统学术规范，俨然成一家言。凡读其书者，无不惊其富有日新，而哀其中途早夭。若天假之年以尽其才，其学思成就岂仅如是耶！

鉴泉先生学隐成都，一生寡交游，足不出川，仅一至剑门题“直、方、大”三字而还，淡泊宁静，知之者希。《推十书》虽曾陆续刊印，见者亦少。然真知之者，无不叹美。浙江张孟劬见而赞之曰：“目光四射，如珠走盘，自成一家之学者也。”广西梁漱溟称：“余至成都唯欲至武侯祠堂及鉴泉先生读书处。”偶得先生《外书》赞曰：“读之惊喜，以为未尝有。”并将其中《动与植》一文载入《中国民族自救运动之最后觉悟》中作为附录，以广流传。修水陈寅恪抗日时期至成都，四处访求先生著作，认为先生乃四川最有成就的学者。盐亭蒙文通与先生为知交，赞其“博学笃志”，“搜讨之勤，是固言中国学术史者一绝大贡献也”。[①]又在《四川方志序》中总评先生之学行曰：“其识已骎骎度骅骝前，为一代之雄，数百年来一人而已！”

昔黄宗羲为其师刘蕺山有关《孟子》一书之论说湮没不显，曾叹曰：“明月之珠，尚沉于大泽。”今亦类此。《推十书》虽有日本、德国学者孜孜入蜀访求，而早已绝版无闻。珠沉大泽，徒增浩叹！今幸由伯谷世兄等整理其遗著，得成都古籍出版社之赞襄，终于使鉴泉先生之主要论著，得依《推十书》原刻影印出版，用以纪念先生百年寿诞。幽光重显，慧命无涯，翘首岷峨，喜为之序。

1996年9月萧萐父敬序于汉皋

① 《评〈学史散篇〉》。

熊子真先生诞生百周年纪念

剑歌江汉呼民主，怒扫皇权我独尊。[1]

一卷心书昭学脉[2]，千秋慧业蜕师门。[3]

深明体用标新义，笃衍乾坤续国魂。[4]

白首丹心无限意，神州鼎革正氤氲。[5]

[1] 熊子真先生，少年忧国，慷慨从戎，参加湖北新军，投身于反清革命。1911年冬，辛亥首义推翻帝制之后，先生与好友吴寿田、李四光等聚会于武昌之雄楚楼，畅叙豪情，各书所志。吴寿田写李白《山中问答》一绝，李四光写“雄视三楚”四字，熊先生则写“天上地下，唯我独尊”。此二语，虽然引自佛典（见《长阿含经·大本经》），实际上反映出先生当时的时代觉悟和对民主革命实质的深刻理解。此“我”字，应作“个性”解。此后，先生一贯指斥“汉宋群儒”，“以

种种顽陋不堪之论迎合皇帝”，“无一不是伪学”。“支持帝制，奴化斯民，使中国将三千年而不振。”反复叮咛：“吾国帝制久，奴性深，不可不知。”且一再强调“个人自由”、“我之价值”、“不为物化”的“人道之尊”等；坚决否定道、佛“忘我”、“无我”之论；其释《易》“群龙无首”云：“人各自立，人各自主，则群龙也；天下不得有君，故无首也。”

［2］先生之第一部著作为1918年出版之《熊子真心书》，自序独引王船山“唯此心常在天壤间”一语以释书名。书中首列《船山学自记》一篇，谓青年时“身心无主”，“忽读王船山遗书，得悟道器一元，幽明一物。全道全器，原一诚而无幻；即幽即明，本一贯而何断。天在人，不遗人以同天；道在我，赖有我以凝道”。此后，先生出入佛、儒、老、庄以及宋、明诸子，旁及西方哲学、科学，竣求博证，论益恢宏，然其哲学思想的核心，仍以此数语为根基。盖船山学精华早已注入先生之心行而为其自觉承继之学脉也。

［3］1920年先生入南京内学院，投欧阳竟无大师门下学佛法。苦学三年，穷探空有诸宗，而独立精思所得，乃自创《新唯识论》体系，不仅蜕出欧阳大师之门，且于奘、基诸师以及护法、无著、世亲、龙树、提婆诸大德，亦多摘发、评判；同时，痛斥奴儒，睥睨西学，自称“包络众言而为新论”，“所

以破除门户，而归于心理之同然”，“非佛非儒，吾亦只是吾而已矣”。此盖先生之所以异于苫筚、暖姝之学而为一代哲人之真精神所在欤?!

[4] 先生之学以“体用不二”为纲宗，体大而思密，把本体论、宇宙论、人生论、认识论等均熔冶于其内，推衍出“本原”、现象不许离而为二，真实、变异不许离而为二，绝对、相对不许离而为二，心、物不许离而为二，质、力不许离而为二，天、人不许离而为二等等原理；就体用关系问题本身所展示的关于“即用显体”、“摄体归用”、“实体变动而成功用”，“大用流行之外无有实体”等的论证，有破有立，既扬弃了佛家的性相之说以及华严宗的海印三昧、理事无碍之类，又与程朱理学所谓“体用一源、显微无间”等有别。1958年出版之《体用论》，新义层出，可视作先生之哲学晚年定论。至于1961年所出版之最后一书《乾坤衍》，乃先生以己意考辨儒经、评史论政之作。此本非其所长，然于此书中亦可窥见先生对中国文化去芜存菁、挹彼注兹的致思倾向。如痛斥秦汉以后的“小康之儒”，使“孔子被诬，六经被废，大道沦亡”；而所谓孔学的“大道”，不外孔子五十读《易》以后阐发的“易理”，实为先生自己所建构的“体用不二”的辩证法。先生还强调必须归本于《周易》之内圣、外王学，内圣学乃无神，外

王学乃无君，德慧并重，成己成物。成己，“则由格物致知上穷万有之源，反观我生之真，……期于道德、智慧、知识融为一片，如是，则己不虚生。卓然树立人极，弘大人道”；成物，则“明大公之正则，立均平之洪范，建人类共同生活制度，以祈至乎范围天地之化而不过，曲成万物而不遗”。“万物各尽所能，各足所需，各畅其性，各舒其志，各抑其私，而同于大公，协于至平。”这些，被先生视为中国文化之优秀传统或活的灵魂。

［5］1948年，先生讲学于浙江大学，住校园中，自号“漆园老人”，却又自题壁联云：“白首对江山，纵横无限意；丹心临午夜，危微俨若思。”当时，正值解放战争胜利展开，学生运动蓬勃高涨（如在浙江大学即发生进步学生于子三被捕杀惨案，激起全国怒潮）。先生此联中所说“无限意”、“俨若思”的内容是什么呢?证以先生同时所写的《漆园记》一文，可以会得这无限之“意”、俨然之“思”，有其特定的内容，实即如下的自觉或自尊：“圣人之学，体天道而立人极，成人能而赞天化，明于天下之险阻，健动以建鼎革之功。（自注：《易·说卦》云：革，去故也；鼎，取新也。《无妄卦》曰：动而健。非有健动之力。何以革故取新欤？）虽陷险中而不失其刚，履虎尾而无畏其咥，极知未济而不舍倾否之宏愿与

强力（自注：……《否卦》之上九曰：倾否。否运已极，必倾覆此局而更新之……），恶容付之‘无可奈何而安之若命’、以生为玩、甘自颓废而不邮哉?”“拯斯人之沉冥，扶乾坤之将熄，不亦隆哉！”这一博大襟怀和深沉预见，实堪敬佩！新中国成立后，先生乐于参与国是，且勤于著述，十年中成书八种，岂偶然哉？近十年，神州大地所出现的“倾否”、“鼎革”的新形势、新气象！惜先生未得亲见；但先生所倡导的俨然之思，健动之力，仍将启迪人们在当前改革中，明于险阻而自强不息，奋进不已。

1985年

汤用彤先生百年寿诞颂诗

汤用彤先生博通中、西、印哲学，著作宏富，为中外学林所共仰，俨为一代硕学宗师，教泽极为广远；但在后学者心目中，汤先生更是一位薰然慈仁的长者，学以美身的人师。五十年代中，燕园问学，始得接先生几杖，粹言霭如，宁静致远，使人如坐春风。汤先生乐道从容、诲人忘倦的精神中实内蕴一种超迈流俗的人格感染力，凡亲炙者，终身难忘，这是中华文化慧命中最珍贵的薪火之传。为纪念汤先生百年寿诞，献此颂诗，用志景慕之忱。

犹记燕园问学时，襟怀霁月实人师。
东传法雨彰心史，正始玄风辨体知。
漫汗通观儒释道，从容涵化印中西。
神州慧命应无尽，世纪桥头有所思。

1993年

中国传统文化的“分”、“合”、“一”、“多”与文化包容意识

［**提要**］综观中华传统文化的历史发展，可以发现，合分与分合，是互涵递进的。合中有分，分久必合，这乃是中华文化持续发展的内在机制与客观法则。如果从中国文化逐步走向世界这个广阔的视角看，“文化中国”的范围可以概括为五个层面。“文化中国”这一范畴既涵摄世界华人文化这一综合性概念在内，又包容了世界各国学者、作家和友好人士对中华文化的研究成果。就其对中华文化的保存、弘扬和认同而言，是一脉相通的，具有统一性；而就其各自对中华文化的取舍、丰富、发展而言，则又各有成就，各具特色，展现为杂多性。由一趋多，多中显一；同归殊途，一致百虑。在中国文化走向二十一世纪之际，我们应该以一种多元开放的文化心态和文化包容意识来回顾过去，疏观现在，展望未来，以实现中华文化

的自我振兴和中西文化的交融互补，为人类文化的新发展作出贡献。

中华传统文化在历史发展中的“合”与“分”

“文化中国”这一概念的提出，在海内外引起了强烈反响。1987年春，美国天普大学傅伟勋教授来信，热情洋溢地谈到他在海外、大陆和中国台湾宣扬“文化中国”观念曾得到广泛共鸣。我在回应他时，曾有小诗一首纪怀：

文化中华不可分，
血浓于水古今情。
百年风雨嗟回首，
同赋《无衣》盼好春。

因触感于伟勋教授的热情来信，我的小诗虽从文化说起，而更多地牵情于政局，想到了鸦片战争以来，我们民族经受的苦难和风雨，想到了《诗经·秦风·无衣》作者的深情呼唤：“岂曰无衣，与子同袍”，“修尔戈矛，与子同仇”！更想到今天海峡两岸的炎黄子孙对祖国统一和中华腾飞的共同向往。诗可以情绪化地表达“不可分”的愿望，而从客观史实和理论分析的角度，则只能说中华文化曾经“有分有合”、“合中有分”、“分久必合”。由此，促使我一再思索中华学术文化历史发展中的“分、合”问题。

田野考古的丰富成果证明：我古先民在亚洲东部广阔平原上创建自己的文化，从来就是多源发生，多元并存，多维发展的。旧石器时代的文化遗址已发现一千余个，遍布黄河、长江南北以及云贵高原；新石器文化遗址已发现七千多个，更是布满全国。经过长期交流、融合，早形成海岱、河洛、江汉等史前文化区；又经过夏、殷、周三代的统合、发展，形成了华夏文化共同体，更辐射为燕齐、邹鲁、三晋、秦陇、荆楚、巴蜀、吴越，以及辽沈、西域等地区性文化；晚周政局分裂，却蔚为学术上的诸子蜂起，学派林立的奇观。在百家争鸣中，显学崛起而又不断分化，儒分为八（还有子夏在西河、曾子在武城，各树一帜），墨离为三（还有苦获、已齿等南方之墨者，相谓“别墨”），相反相因，盛极一时。汉、唐、宋、明相对统一，似乎政局统一，也必然学术一统，韩非、董仲舒均有“贵一贱二”之说，“罢黜百家”之议；而事实上，经分今古，义旨歧出，理趣学风，南北迥异。佛学东渐，与儒、道鼎立而三，长期对立；迨融为宋明道学，虽有胡广之流编所谓“大全”（《五经大全》、《四书大全》、《性理大全》），企求“合众途于一轨，会万理于一原”。实际上，北宋新儒学一产生，就有范仲淹等凸显“《易》、《庸》之学”，王安石父子又独创“荆州新学”，周敦颐创“濂学”，张载创“关学”，司马光创“朔学”，二程创“洛学”，三苏创“蜀学”，他们之间的各种观点，复杂对立。到南宋，既有朱熹、陆九渊、吕祖谦之间的激烈论争，又有陈亮、叶适别倡经世事功之学；郑樵、马端临更首辟文化史研究新风，一反“欺天欺人”的心性空谈，而独步当时。明代王阳明以对朱、陆的双向扬弃而另立宗旨，王学又以良知说的内在矛盾而导致王门各派的多向展开。通过泰州学派的分化而由何心隐、李贽引向“异端”，而通过东林师友的“冷风热血、洗涤乾坤”的实践工夫，而由刘宗周、黄宗羲完成对王学的自我否定，终于在明清之际的新思潮中，孕育出新的整合。

曾经有一种违反客观史实的流行偏见，夸张政治风云，忽视文化生命，以为政治第一，决定一切，文化只能隶属于政治；又总以为“合”比“分”好，贵一而贱多，党同而伐异。如果深观文化生命和民族智慧的动态发展，就会发现，合分——分合，是互涵递进的。真正的新的整合，必以分殊为前提，苟无分殊，何来整合？合分——分合，合中有分，分久必合，乃是中华文化慧命持续发展的内在生机和客观法则。

分则为殊、为异、为多，合则可统、可同、可一。就“文化中国”所摄地区、层面之广，则必须进而思考“文化中国”内涵的“一、多”问题。

“文化中国”的范围及其内涵的“一”与“多”

二十世纪八十年代初，中国哲学史学会首次举行国际性的宋明理学讨论会于杭州。冯友兰先生在会上特讲到哲学与文化的民族性问题。认为中国哲学与文化的包容性最具有民族的凝聚力。陈荣捷先生在会上概述在美国开拓中国学的研究，译介中国哲学文献的甘苦，并深情地谈到数十年来飘泊异邦，仍与祖国人民忧乐同怀。会后陈荣捷先生寄来诗笺，其一云：“廿载孤鸣沙漠中，谁知理学忽然红。义国恩荣固可重，故乡苦乐恨难同。”眷怀乡国之情，溢于言表。景仰高风，步韵敬和：

盈盈春气遍寰中，
梅萼天心几处红。
莫道海山多阻隔，
炎黄遗裔此心同。

诗中所说“炎黄遗裔此心同”，乃指民族传统形成的文化心理素质的某些共性。这种共性，可以超越一定时期内政治、经济格局所造成的民族的分离、隔阂和差距。“文化中国”这一概念的提出，最初正在于以中华文化精神的共性，来唤起认同感，促进统一的进程。但如果着眼于世界华人文化这一视角，则不能仅局限于中国本土文化学术的“分——合”运动，仅局限于文化认同的政治功能意义，而应当从更广阔的视角，来观察世界华人文化这一历史现象的形成，观察世界华人文化的若干类别及其共殊关系，观察中国哲学文化走向世界的契机和历程。即是说，作为“炎黄遗裔”的华人，且不说箕子入朝鲜、徐福客日本、慧深远赴美洲、李白生于碎叶等，单就十七世纪以来，大批华人的移民海外，散居各国，已达5000多万人，他们作为移民群体，大都成为所侨居国的一个民族单位，保持着中华民族的血统和中华文化的传统，由于所侨居国的文化背景和生活条件不同，他们所能保持和发扬的中华文化的内涵必然发生各种变异，这就使“文化中国”这一概念的范围大为扩展，而其内涵也变得极为繁富。

仅就世界华人文化的地区性的分化发展而言，当今已形成的格局，似有若干层次可以分疏：

（一）大陆母体的中华文化，源远而流长，虽屡经沧桑，公元一至十世纪曾有中印文化交流的激荡，近四百年更有中西文化汇合、欧风美雨冲击的影响，古老的中国已日易故常，变革多有；但在大陆母体，历史的积淀毕竟最沉厚，考古文物与传世文献毕竟最丰富，在人们思想和生活各个侧面所体现的传统精神也最强固、最活跃，因而自然成为“文化中国”的主干和本根。但正因为中华文化自本自根，自有其涵化外来文化的自主性与自足性，因而也容易成为文化保守主义的温床。

（二）中国台、港地区的中华文化。近数十年政治经济格局所造成的隔离，台、港地区中华文化在某种独特条件下自己发展，其特点是既特别尊重民族性的传统，又比较注意吸纳西方现代化的成果，数十年来，不断更新，多维互补，时有创获，成为中华传统文化向现代化转化的一种模型。

（三）东南亚以及东北亚各国华人聚居地区的中华文化。十七世纪以来，长期持续的移民开发，使东南亚各国聚居的华人群体，已成为各国的民族构成的重要部分，既对各国社会经济发展作出了突出的贡献，又使华人移民群体始终保持着中华民族的优秀文化传统，并善于不断地吸收、消化各国各地的先进文化，从而使中华文化不断地吐故纳新而具有新的特色。

（四）散居世界各国的华人所拥有的中华文化。一般说，散居欧、美、澳各国的华人及华人群，侨居异乡，入境随俗，对所侨居国的文化耳濡目染，涵泳其中，往往有较深切的理解；同时对远离的祖国及本土文化怀有更深沉的依恋和文化认同感。他们在融通中西，即把中国文化的优秀传统与所在国的先进文化相融合贯通而别有创新方面，往往作出了突出贡献。

（五）外国朋友的汉学研究中所弘扬的中华文化。自从汉唐以来，中华文化向东亚各国的辐射、移植，早引起东亚各国学者的研究兴趣，形成环太平洋的“儒家文化圈”或“汉字文化圈”。而经过耶稣会士的译介，中学西传以来，在欧美各国传播、研究中国学的学者也日益增多，特别是西欧的德、法、英、荷等国的学界，有着深厚的汉学研究传统。他们以自己的历史文化背景和比较的视角，从不同侧面探测中华文化，并以独特方式加以弘扬，往往取得别开生面的成就。

以上五个地区化的分疏，跨越人文地理以及社会、政治、经济等的距离，也超出了民族、语言、学派等的歧异，而就其对中华文化的保存、弘扬和认同感而言，是一脉相通的，具有统一性；而就其各自对中华文化的挹注、取舍、丰富、发展而言，而又各有成就，各具特色，展现为杂多性。由一趋多，多中显一；同归殊途，一致百虑。“文化中国”这一范畴，既涵摄世界华人文化这一综合性概念在内，又包容了世界各国学者、作者和友好人士对中华文化日益扩大和深化的多种研究成果，这就使其内涵广阔而生动，富有而日新。

“文化中国”的未来与文化包容意识

“文化中国”的地区范围涵盖如此之广，其思想内容自然杂而多端。在价值取向、观测角度、重心选择乃至文义诠释上，都会表现出许多歧异。这就需要以一种多元开放的文化心态和文化包容意识来回顾过去、疏观现状和展望未来。同是炎黄子孙，虽曾海山阻隔，仍然心同理同。但这个“同”是以“异”为基础的“同”。如王船山所云“杂统于纯”，“异者所以贞同”，“理惟其一，道之所以统于同；分惟其殊，人之所以必珍其独”。正因在分殊中能“珍其独”，才有可能在总体上“统于同”。“文化中国”在过去经历了一段必要的分殊发展，在未来必将进入一个兼综并育的融合期。

“文化中国”的分殊发展，在于不同地区的华人，散居地球村，生活在不同国家的异质文化的氛围中，而近世以来又长期处于政治上、经济上和文化上的劣势。虽然今天时移势异，某些敏感的观察家已在纷纷评论二十一世纪将是“华人的世纪”。华人“正作为一个遍布世界各国的各地区以及各城市的民族，一个全球部落而崛起”。“由于彼此大规模的投资使他们凝聚在一个‘经济联邦’之中，并由于久远的家族、文化和语言的关系，使他们的关系得到加强。”这是着眼于经济前景的乐观估计。而从文化的角度看，世界华人过去和现在始终面临着东西（东方文化和西方文化）、古今（传统观念与现代意识）之间文化思潮的矛盾冲突，面临着如何正确解决传统文化与现代化的历史接合的难题和中国文化与西方文化的互补交融的难题。正是这样共同的时代课题，吸引着世界华人有可能同心协力促进中华文化的自我振兴及其各个部分的互相整合，也激励着东西方中华文化的珍爱者和研究者，奋起探讨中西文化精华可能交融互补的前景。可以相信，中华文化的自我振兴和中西文化的互补交融，二者将互为条件，同步进行。经过这番历史的熔铸，“文化中国”将闪耀出新的光华，必将对人类文化的新发展作出应有的贡献。

前年访德，因有感于德国汉学研究的丰美成果，为数不少的德国青年对中华文化的衷心向往，我曾浮想联翩，在纪行杂诗中表达了对莱布尼茨等文化先驱的怀念和对未来的企望：

雄鸡唱晓破霾天，
史路崎岖三百年。
唤起莱翁共商酌，

东西慧梦几时圆？

这首小诗所寄托的历史感情，把象征法国革命启蒙的高卢雄鸡看作欧洲近代文明的开端，而从中西文化交流史的角度看，历史道路却在坎坷曲折中蹒跚了三百多年。十七世纪时莱布尼茨因为白晋介绍《周易》等而首次论到中国哲学，当时中西文化的平等交流，曾促使莱布尼茨满怀希望，梦想到中国来协助康熙以法兰西科学院为模式设计和建立起中国的皇家科学院。历史的曲折，使这一美好的愿望全盘落了空。今天，人们比康熙、白晋、莱布尼茨更有条件作广阔的思考和幻想。历史似乎又开始孕育着中西文化汇合交融的新的希望。

希望，总给人类的历史实践及文化创造，注入生生不已的活力。

1992年8月

“东西慧梦几时圆？”

——1998年11月香港“中华文化与二十一世纪”国际学术研讨会上的发言

雄鸡唱晓破霾天，史路崎岖三百年。

唤起莱翁共商酌，东西慧梦几时圆？

这首访欧杂诗之一所寄托的历史感情，一方面把高卢雄鸡所象征的法国革命启蒙，仍看作是西方近代文明的凯歌；另一方面，对人类历史的迂回波折，又感到某种惘然。不仅十七世纪以来的中国史曾可悲地经历过几度大的洄流，以致近代化社会长期难产；而且西方近现代社会的发展也暴露出种种畸形和弊端。仅就中西文化交流史而言，也行程坎坷，蹒跚了三百年。遥想十七世纪时，当西学东渐、中学西传之初，东西方一些睿智的启蒙者都怀着多么美好的愿望，遥相呼应。徐光启、李之藻等对“异国异书，梯航九万里而来”，表示衷心欢迎，并力主“会通”，以求“超胜”；方以智总评西学“质测颇精，通几未举”，主张“借远西为郯子，申禹、周之矩积”，“坐集千古之智，折中其间”，并有兼容各门学术编成一套大百科全书的构想。与之同时，莱布尼茨等在西欧，仅因读到白晋等介绍的《周易》、《中庸》等而盛赞中国的哲学智慧，曾满怀希望想亲到中国访问，并协助康熙皇帝建立中国科学院，发展中西“融合”（李约瑟语）的数理科学。这些美好愿望，全部都落了空。以后的历史现实，全是另一番图景：中西文化的正常交流被人为地中断了，中国在闭关封锁与文化专制下迅速落后了，终于导致鸦片战争以来西方列强相继狂暴入侵。举国仓皇，奋起救亡。抱恨重重，血泪斑斑。“西风一掬哀时泪，流向秋江作怒涛”；“愿将热血浇黄土，化作啼鹃唤国魂”。诗人的悲愤，无法挽救戊戌变法、辛亥革命的失败；而无数烈士鲜血铸就的民族危机感，却成为一系列狂飙式革命运动的驱动力。

二十世纪的中国基本上是在狂飙式运动中度过的。与政治风云相激荡，中国文化思想也经历了急剧变化。晚清以来，西方各种思潮汹涌而来，与中国传统思想汇聚冲突，离合纷纭，蔚为奇观。当时学界有句口头禅：“纵横数万里，上下几千年。”正反映出当时人们对中西和古今两方面矛盾交错的庞杂文化局面，不免感到惊惧和茫然。一方面，从中国主流文化思潮回应西学的态度看，似乎晚清时期大都“浮浅认同”，到五四时期“笼统辨异”，再到后五四时期才注意到由“察异观同”而“求其会通”，大体经历了这样一个三段式的认识循环，似乎对大小问题都得如此，只有经过曲折和反复认识才能深化。另一方面，从中国主流文化自身的推陈出新的要求看，既溯源寻根，又各自选择。或以复古为解放，把《礼运》大同说、《春秋》公羊学等视为变法改制思想的先驱；或尊崇宋明儒学，把朱子、阳明塑为新统；或以朦胧的历史自觉，从不同层面对明清启蒙学术表示文化认同。可见百年来中国社会转型中的文化变迁，并非单向输入或被动回应西方思潮，西方学者所谓“冲击——反应”模式实属浮明误断；事实是，近代中国文化思想的发展，既表现为中西的冲突与融合，又表现为古今的变革与贯通，可说是处在中西、古今错综的矛盾汇合和新旧文化复杂的代谢过程之中，绝非只是中国文化被西方化的单向过程。正因为是矛盾的复杂汇合，所以，几代人在探索中就不免相继陷入或踏过这样或那样的思想误区，诸如：“西学中源说”、“中体西用说”、“中西互补说”、“中西殊途说”、“国粹论”或“西化论”以及“传统至上论”或“全盘西化论”、“充分世界化论”或“中国本位文化论”，以及立论总倾向上的“西方中心论”或“华夏优越论”等。这些成对的思想范式，都有其历史形式的复杂原因，在历次文化论争中，虽曾把人们引入各种歧途，相反而相因，出此而入彼，迷途未远，今是昨非，故能一再流行，长期反复。中国式的现代化理论，也是通过这些思想范式，逐步衍化超升而得以成形的。这表明，历史提出的复杂课题及其探索中出现的一些思想误区，只有当条件成熟时，经过历史的自我批判与全面反思，才可能找到圆满解决的途径。

斗柄东旋，时移势异。伫立世纪桥头，纵观国际风云。人们不难发现，两次世界大战之后，东西方文化对峙的旧格局已发生根本变化；殖民体系瓦解，冷战基本结束，以和平与发展为主流的国际新秩序正在形成；高科技、新体制，正使亚非拉一些发展中国家得以迅速腾飞。有人惊叹“西方之没落”，有人呼唤“东方的觉醒”，有人郑重宣布“全球化时代已经来临”，当然也有人表示怀疑或唱唱反调。但世界经济、政治实力不可避免地向多极化发展，文化上长期盛行的“西方中心论”已难乎为继。近半个世纪，西方一再兴起“东方文化热”，西方学者对中国社会、历史、哲学、文化的研究日益深入，成果累累。同时，中国对西方学术文化的译述、评价、研讨也达到前所未有的深广度，特别是经过对“从万历到五四”、“从五四到今天”的历次文化运动和文化争论中的成就、失误、遗留问题的总结反思，中国学人的思维模式、学术视野、价值尺度与文化心态都与以前大不一样，提升到了新的精神境界。今天，人们似乎回归到十七世纪，而又比方以智、莱布尼茨等更有着无比优越的条件和无比广阔的思想空间，来从事中西文化的对话、交往和会通的工作。历史似乎又开始孕育着中西文化汇合交融的新的希望，人类文化的历史发展似将进入一个新的时期。

毫无疑问，应当满怀文化乐观主义的希望，迎接人类文化史的这个新时期。为了迎接这一新时期，人们应当具有一定历史自觉，作好思想理论准备。近些年，东西方都有学者乐观地预言，二十一世纪将是中国文化大发扬的世纪，或者按“三十年河东，三十年河西”的惯例，认为中国文化将在世界上逐步发挥主导作用。另有学者慎重地指出：“从全世界范围看，今天我们正处于一个东西文化互相影响、趋于合流的时代。”这就需要对东西方文化和哲学作全面、系统、深入的比较研究，以求融会贯通。这又必然会见仁见智，产生不同的学说或学派，所以我们面临的是“世界性的百家争鸣”。海内外中国哲学的各流派，都将“在国际范围的百家争鸣中接受考验”。为此，中国哲学文化必须经过一个自我批判的阶段，进行系统全面的反思。克服各种“理论上的盲目性”。[①]

这一论断，切实近真。所谓“理论上的盲目性”，究何所指，尚待在自我批判的实践中多方剖析。

就管窥所见，近半个世纪在中国实现的新的文化整合中，本来可以为中国的学术文化的繁荣开拓新的前景，但由于“左”道乱真，照搬苏联文化模式，造成严重后果。而最主要的教训就是把学术文化简单化，直接地、草率地政治化。用政治标准代替其他一切标准而抹杀学术文化固有的特点和独立价值，用政治决定一切代替诸意识形态的相互作用，用真理的单向运动代替真理的螺旋发展，用日趋僵化的指导思想来限制民族文化主体精神的发扬。诸如此类，就是理论上盲目性的表现。

面向未来，中国民族文化的进一步发展和中西哲学智慧的互补合流，任重而道远。

一方面，消极地说，中国哲学文化必须通过自我批判的反思和历史教训的总结，从根本上走出单一政治化的旧格局，而更好地恢复和实现学术文化固有的价值和功能。同时，也必然

① 冯契《智慧的探索》，第559—563页。

由统合走向分殊，摆脱“统比分好”、“贵一贱多”的传统偏见，而走向真正百花齐放的多元化的发展方向。美国学者亨廷顿鼓吹在未来世纪，东西方只有“文明冲突”，不可调和。我们则预计东西方文化正由单向西化引起的冲突走向融合。“和实生物，同则不继。”因为有冲突，才可能进行调和。“杂以成纯”，“异者所以贞同”，“君子乐观其杂”、“乐观其反”，正是在杂多中求其统一，在矛盾中观其会通。这样一种文化包容意识，更符合当今人类的和平与发展的大势。

另一方面，积极地说，中国哲学文化的未来发展，应当更好地实现“两化”，即中国传统文化的现代化和西方先进文化的中国化。“两化”是互相区别而又互相联系的文化过程，必须善于兼顾，才能逐步圆满解决古今和中西两方面的矛盾的复杂交错的问题。要使中国传统文化向现代化转变，必须吸收西方的先进文化，其中当然包括西方文化发展的重大成果马克思主义在内；但是再好的外国文化，如果不与我们民族特点和现实需要相结合，不经过民族文化主体的演化与现时代的选择，都不可能真正生根和发生作用。只有充分发扬民族传统文化的精神，才能真正实现外来文化的中国化。因此，“两化”是交涵互动的。只有把“寻根意识”和“全球意识”结合起来，通过“两化”，实现中国文化的解构重构，推陈出新，作出新的综合创新，才能有充分准备地去参与世界性的“百家争鸣”，与世界学术文化多方面接轨、多渠道对话，从而对人类文化的新整合和新发展作出应有的贡献。

春兰秋菊，企予望之！

国家新闻出版广电总局

首届向全国推荐中华优秀传统文化普及图书

大家小书书目

国学救亡讲演录	章太炎　著　蒙　木　编
门外文谈	鲁　迅　著
经典常谈	朱自清　著
语言与文化	罗常培　著
习坎庸言校正	罗　庸　著　杜志勇　校注
鸭池十讲（增订本）	罗　庸　著　杜志勇　编订
古代汉语常识	王　力　著
国学概论新编	谭正璧　编著
文言尺牍入门	谭正璧　著
日用交谊尺牍	谭正璧　著
敦煌学概论	姜亮夫　著
训诂简论	陆宗达　著
金石丛话	施蛰存　著
常识	周有光　著　叶　芳　编
文言津逮	张中行　著
经学常谈	屈守元　著
国学讲演录	程应镠　著
英语学习	李赋宁　著
中国字典史略	刘叶秋　著
语文修养	刘叶秋　著
笔祸史谈丛	黄　裳　著
古典目录学浅说	来新夏　著
闲谈写对联	白化文　著
汉字知识	郭锡良　著
怎样使用标点符号（增订本）	苏培成　著
汉字构型学讲座	王　宁　著

诗境浅说	俞陛云　著
唐五代词境浅说	俞陛云　著
北宋词境浅说	俞陛云　著
南宋词境浅说	俞陛云　著
人间词话新注	王国维　著　滕咸惠　校注
苏辛词说	顾　随　著　陈　均　校
诗论	朱光潜　著
唐五代两宋词史稿	郑振铎　著
唐诗杂论	闻一多　著
诗词格律概要	王　力　著
唐宋词欣赏	夏承焘　著
槐屋古诗说	俞平伯　著
词学十讲	龙榆生　著
词曲概论	龙榆生　著
唐宋词格律	龙榆生　著
楚辞讲录	姜亮夫　著
读词偶记	詹安泰　著
中国古典诗歌讲稿	浦江清　著 浦汉明　彭书麟　整理
唐人绝句启蒙	李霁野　著
唐宋词启蒙	李霁野　著
唐诗研究	胡云翼　著
风诗心赏	萧涤非　著　萧光乾　萧海川　编
人民诗人杜甫	萧涤非　著　萧光乾　萧海川　编
唐宋词概说	吴世昌　著
宋词赏析	沈祖棻　著
唐人七绝诗浅释	沈祖棻　著
道教徒的诗人李白及其痛苦	李长之　著
英美现代诗谈	王佐良　著　董伯韬　编
闲坐说诗经	金性尧　著
陶渊明批评	萧望卿　著

古典诗文述略	吴小如　著
诗的魅力 ——郑敏谈外国诗歌	郑　敏　著
新诗与传统	郑　敏　著
一诗一世界	邵燕祥　著
舒芜说诗	舒　芜　著
名篇词例选说	叶嘉莹　著
汉魏六朝诗简说	王运熙　著　董伯韬　编
唐诗纵横谈	周勋初　著
楚辞讲座	汤炳正　著 汤序波　汤文瑞　整理
好诗不厌百回读	袁行霈　著
山水有清音 ——古代山水田园诗鉴要	葛晓音　著
红楼梦考证	胡　适　著
《水浒传》考证	胡　适　著
《水浒传》与中国社会	萨孟武　著
《西游记》与中国古代政治	萨孟武　著
《红楼梦》与中国旧家庭	萨孟武　著
《金瓶梅》人物	孟　超　著　张光宇　绘
水泊梁山英雄谱	孟　超　著　张光宇　绘
水浒五论	聂绀弩　著
《三国演义》试论	董每戡　著
《红楼梦》的艺术生命	吴组缃　著　刘勇强　编
《红楼梦》探源	吴世昌　著
《西游记》漫话	林　庚　著
史诗《红楼梦》	何其芳　著 王叔晖　图　蒙　木　编
细说红楼	周绍良　著
红楼小讲	周汝昌　著　周伦玲　整理

曹雪芹的故事	周汝昌　著　周伦玲　整理
古典小说漫稿	吴小如　著
三生石上旧精魂 ——中国古代小说与宗教	白化文　著
《金瓶梅》十二讲	宁宗一　著
中国古典小说十五讲	宁宗一　著
古体小说论要	程毅中　著
近体小说论要	程毅中　著
《聊斋志异》面面观	马振方　著
《儒林外史》简说	何满子　著
我的杂学	周作人　著　张丽华　编
写作常谈	叶圣陶　著
中国骈文概论	瞿兑之　著
谈修养	朱光潜　著
给青年的十二封信	朱光潜　著
论雅俗共赏	朱自清　著
文学概论讲义	老　舍　著
中国文学史导论	罗　庸　著　杜志勇　辑校
给少男少女	李霁野　著
古典文学略述	王季思　著　王兆凯　编
古典戏曲略说	王季思　著　王兆凯　编
鲁迅批判	李长之　著
唐代进士行卷与文学	程千帆　著
说八股	启　功　张中行　金克木　著
译余偶拾	杨宪益　著
文学漫识	杨宪益　著
三国谈心录	金性尧　著
夜阑话韩柳	金性尧　著
漫谈西方文学	李赋宁　著
历代笔记概述	刘叶秋　著

周作人概观	舒　芜　著
古代文学入门	王运熙　著　董伯韬　编
有琴一张	资中筠　著
中国文化与世界文化	乐黛云　著
新文学小讲	严家炎　著
回归，还是出发	高尔泰　著
文学的阅读	洪子诚　著
中国文学1949—1989	洪子诚　著
鲁迅作品细读	钱理群　著
中国戏曲	么书仪　著
元曲十题	么书仪　著
唐宋八大家 ——古代散文的典范	葛晓音　选译
辛亥革命亲历记	吴玉章　著
中国历史讲话	熊十力　著
中国史学入门	顾颉刚　著　何启君　整理
秦汉的方士与儒生	顾颉刚　著
三国史话	吕思勉　著
史学要论	李大钊　著
中国近代史	蒋廷黻　著
民族与古代中国史	傅斯年　著
五谷史话	万国鼎　著　徐定懿　编
民族文话	郑振铎　著
史料与史学	翦伯赞　著
秦汉史九讲	翦伯赞　著
唐代社会概略	黄现璠　著
清史简述	郑天挺　著
两汉社会生活概述	谢国桢　著
中国文化与中国的兵	雷海宗　著
元史讲座	韩儒林　著

魏晋南北朝史稿	贺昌群　著
汉唐精神	贺昌群　著
海上丝路与文化交流	常任侠　著
中国史纲	张荫麟　著
两宋史纲	张荫麟　著
北宋政治改革家王安石	邓广铭　著
从紫禁城到故宫 ——营建、艺术、史事	单士元　著
春秋史	童书业　著
明史简述	吴　晗　著
朱元璋传	吴　晗　著
明朝开国史	吴　晗　著
旧史新谈	吴　晗　著　习　之　编
史学遗产六讲	白寿彝　著
先秦思想讲话	杨向奎　著
司马迁之人格与风格	李长之　著
历史人物	郭沫若　著
屈原研究（增订本）	郭沫若　著
考古寻根记	苏秉琦　著
舆地勾稽六十年	谭其骧　著
魏晋南北朝隋唐史	唐长孺　著
秦汉史略	何兹全　著
魏晋南北朝史略	何兹全　著
司马迁	季镇淮　著
唐王朝的崛起与兴盛	汪　篯　著
南北朝史话	程应镠　著
二千年间	胡　绳　著
论三国人物	方诗铭　著
辽代史话	陈　述　著
考古发现与中西文化交流	宿　白　著
清史三百年	戴　逸　著

清史寻踪	戴　逸　著
走出中国近代史	章开沅　著
中国古代政治文明讲略	张传玺　著
艺术、神话与祭祀	张光直　著 刘　静　乌鲁木加甫　译
中国古代衣食住行	许嘉璐　著
辽夏金元小史	邱树森　著
中国古代史学十讲	瞿林东　著
历代官制概述	瞿宣颖　著
宾虹论画	黄宾虹　著
中国绘画史	陈师曾　著
和青年朋友谈书法	沈尹默　著
中国画法研究	吕凤子　著
桥梁史话	茅以升　著
中国戏剧史讲座	周贻白　著
中国戏剧简史	董每戡　著
西洋戏剧简史	董每戡　著
俞平伯说昆曲	俞平伯　著　陈　均　编
新建筑与流派	童　寯　著
论园	童　寯　著
拙匠随笔	梁思成　著　林　洙　编
中国建筑艺术	梁思成　著　林　洙　编
沈从文讲文物	沈从文　著　王　风　编
中国画的艺术	徐悲鸿　著　马小起　编
中国绘画史纲	傅抱石　著
龙坡谈艺	台静农　著
中国舞蹈史话	常任侠　著
中国美术史谈	常任侠　著
说书与戏曲	金受申　著
世界美术名作二十讲	傅　雷　著

中国画论体系及其批评	李长之　著
金石书画漫谈	启　功　著　赵仁珪　编
吞山怀谷 ——中国山水园林艺术	汪菊渊　著
故宫探微	朱家溍　著
中国古代音乐与舞蹈	阴法鲁　著　刘玉才　编
梓翁说园	陈从周　著
旧戏新谈	黄　裳　著
民间年画十讲	王树村　著　姜彦文　编
民间美术与民俗	王树村　著　姜彦文　编
长城史话	罗哲文　著
天工人巧 ——中国古园林六讲	罗哲文　著
现代建筑奠基人	罗小未　著
世界桥梁趣谈	唐寰澄　著
如何欣赏一座桥	唐寰澄　著
桥梁的故事	唐寰澄　著
园林的意境	周维权　著
万方安和 ——皇家园林的故事	周维权　著
乡土漫谈	陈志华　著
现代建筑的故事	吴焕加　著
中国古代建筑概说	傅熹年　著
简易哲学纲要	蔡元培　著
大学教育	蔡元培　著 北大元培学院　编
老子、孔子、墨子及其学派	梁启超　著
春秋战国思想史话	嵇文甫　著
晚明思想史论	嵇文甫　著
新人生论	冯友兰　著

中国哲学与未来世界哲学	冯友兰　著
谈美	朱光潜　著
谈美书简	朱光潜　著
中国古代心理学思想	潘　菽　著
新人生观	罗家伦　著
佛教基本知识	周叔迦　著
儒学述要	罗　庸　著　杜志勇　辑校
老子其人其书及其学派	詹剑峰　著
周易简要	李镜池　著　李铭建　编
希腊漫话	罗念生　著
佛教常识答问	赵朴初　著
维也纳学派哲学	洪　谦　著
大一统与儒家思想	杨向奎　著
孔子的故事	李长之　著
西洋哲学史	李长之　著
哲学讲话	艾思奇　著
中国文化六讲	何兹全　著
墨子与墨家	任继愈　著
中华慧命续千年	萧萐父　著
儒学十讲	汤一介　著
汉化佛教与佛寺	白化文　著
传统文化六讲	金开诚　著　金舒年　徐令缘　编
美是自由的象征	高尔泰　著
艺术的觉醒	高尔泰　著
中华文化片论	冯天瑜　著
儒者的智慧	郭齐勇　著
中国政治思想史	吕思勉　著
市政制度	张慰慈　著
政治学大纲	张慰慈　著
民俗与迷信	江绍原　著　陈泳超　整理

政治的学问	钱端升　著　钱元强　编
从古典经济学派到马克思	陈岱孙　著
乡土中国	费孝通　著
社会调查自白	费孝通　著
怎样做好律师	张思之　著　孙国栋　编
中西之交	陈乐民　著
律师与法治	江　平　著　孙国栋　编
中华法文化史镜鉴	张晋藩　著
新闻艺术（增订本）	徐铸成　著
经济学常识	吴敬琏　著　马国川　编

中国化学史稿	张子高　编著
中国机械工程发明史	刘仙洲　著
天道与人文	竺可桢　著　施爱东　编
中国医学史略	范行准　著
优选法与统筹法平话	华罗庚　著
数学知识竞赛五讲	华罗庚　著
中国历史上的科学发明（插图本）	钱伟长　著